スピードマスター
日本文化史問題集
日本史Ⓑ

東京都歴史教育研究会 編

山川出版社

はじめに

　新学習指導要領の日本史Bの大きな特徴は,「歴史の考察」という大項目が新設され,その中項目に「歴史と資料」「歴史の追究」が設置されたことである。ことに「歴史と資料」のうち,「資料をよむ」「資料にふれる」という単元では,文献の史料に限らず,考古学資料や各時代の絵画資料,文化財,史跡,歴史地図など,様々な資料から歴史を考察することが求められている。

　文化史の学習は,ともすれば各時代の文化史の事項や用語の暗記になりがちであるが,今後,センター試験をはじめ,各大学では,新学習指導要領の趣旨を踏まえて新しい視点や発想から,文化史の出題のみならず文化財や絵画資料等を「よみ」,「ふれる」ことを通して考える入試問題が,今まで以上に出題されることになるだろう。

　『スピードマスター日本史問題集』の姉妹編として編集された本問題集は,写真や図版など約200点を集め,視覚的なアプローチにより文化史を中心にした日本史を学習することをねらいとして作成している。また,各時代の文化史を構造的に理解するだけでなく,8つのテーマで日本の歴史を系統的に概観している。このことによって,文化史を中心にした日本史の各時代のヨコのつながりと,テーマ史による日本の歴史のタテの流れをつかみ,30日間の学習で日本の歴史をとらえられるようにまとめてある。

　受験対策とともに,日頃の日本史学習のまとめや整理に活用してもらい,これからの新課程入試のために,本『スピードマスター日本文化史問題集』で学んだことを存分に発揮して受験に挑んでもらいたい。

東京都歴史教育研究会
日本史問題集編集委員会

目次

1. 旧石器文化／縄文文化 ... 2
   スピード・チェック ... 4
2. 弥生文化 ... 6
   スピード・チェック ... 8
3. 古墳文化 ... 10
   スピード・チェック ... 12
4. 飛鳥文化／白鳳文化 ... 14
   スピード・チェック ... 16
5. 天平文化 ... 18
   スピード・チェック ... 20
6. 弘仁・貞観文化 ... 22
   スピード・チェック ... 24
7. 国風文化Ⅰ ... 26
   スピード・チェック ... 28
8. 国風文化Ⅱ／院政期の文化 ... 30
   スピード・チェック ... 32
9. 鎌倉文化Ⅰ ... 34
   スピード・チェック ... 36
10. 鎌倉文化Ⅱ ... 38
    スピード・チェック ... 40
11. 南北朝文化／北山文化 ... 42
    スピード・チェック ... 44
12. 東山文化 ... 46
    スピード・チェック ... 48
13. 近世初期の文化 ... 50
    スピード・チェック ... 52
14. 近世の学問・思想 ... 54
    スピード・チェック ... 56
15. 元禄文化 ... 58
    スピード・チェック ... 60

16	宝暦・天明期の文化／化政文化	62
	スピード・チェック	64
17	文明開化と明治の文化Ⅰ	66
	スピード・チェック	68
18	明治の文化Ⅱ	70
	スピード・チェック	72
19	大正の文化	74
	スピード・チェック	76
20	昭和・平成の文化	78
	スピード・チェック	80
21	教育史	82
	スピード・チェック	84
22	芸能・演劇史	86
	スピード・チェック	88
23	宗教史Ⅰ	90
	スピード・チェック	92
24	宗教史Ⅱ	94
	スピード・チェック	96
25	美術史Ⅰ(絵画・彫刻)	98
	スピード・チェック	100
26	美術史Ⅱ(建築・工芸・焼き物)	102
	スピード・チェック	104
27	文学史	106
	スピード・チェック	108
28	史学と儒学	110
	スピード・チェック	112
29	女性史	114
	スピード・チェック	116
30	生活文化史	118
	スピード・チェック	120

スピードマスター

日本文化史問題集　日本史Ⓑ

1　旧石器文化／縄文文化

1――旧石器文化

　旧石器文化では，地質年代と打製石器の特徴，その種類と用途について理解する。

推定年代	3.5万年前		1万年前
地質年代	**更新世**⇨ロ-ム層がたい積		**完新世**
環　境	氷河時代（数回の氷期による寒温のくり返し）		温暖化
人　類	猿人　原人　旧人　**新人**		
考古年代	**旧石器時代**	中石器	新石器時代
文化の名	旧石器文化		縄文文化
道　具 ＝ **打製石器** ⇨石を打ち欠いてつくる	──楕円形石器────── ──握槌（ハンドアックス）── 　　　──ナイフ形石器──── 　　　──石刃（ブレイド）─── 　　　　──尖頭器（ポイント）─	 **細石器**	**磨製石器**
用　途	打撃　　　　切断　投槍・刺突		木や骨などへ埋め込む
社　会	狩猟（ナウマンゾウ・オオツノジカ），採取（植物性食料）		
住　居	移住生活⇨テント式の小屋が主流・洞穴の利用も		

2――縄文文化

　土器の使用，多様な道具のあり方をとらえ，文化の特色を把握する。また呪術的習俗についても注意して，おさえておくこと。

時期	約1万3000年前～約2500年前頃
生活	採取，狩猟，漁労（＝**貝塚**の存在），のちに栽培も行なう
特色	①**弓矢**（**石鏃**）の出現…中小動物の増加に対応 ②**磨製石器**の使用 ③**土器**の使用…煮沸や貯蔵に用いる

石鏃

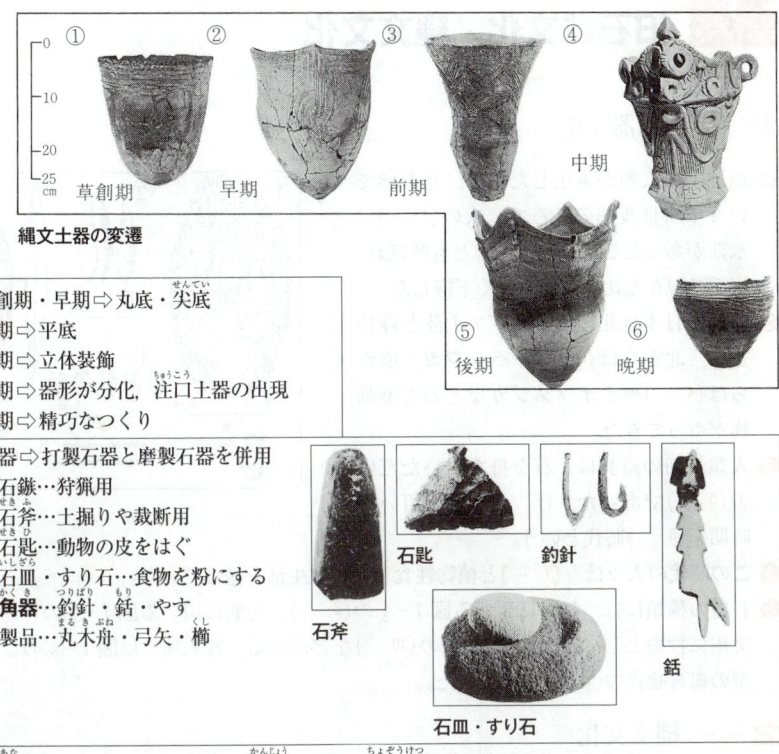

縄文土器の変遷

土器	草創期・早期⇨丸底・尖底
	前期⇨平底
	中期⇨立体装飾
	後期⇨器形が分化，注口土器の出現
	晩期⇨精巧なつくり

道具	石器⇨打製石器と磨製石器を併用
	石鏃…狩猟用
	石斧…土掘りや裁断用
	石匙…動物の皮をはぐ
	石皿・すり石…食物を粉にする
	骨角器…釣針・銛・やす
	木製品…丸木舟・弓矢・櫛

住	竪穴住居の使用　集落…住居が環状に配置　貯蔵穴や墓地などをともなう

交易	黒曜石…長野県和田峠，北海道十勝岳付近，東京都神津島
	ひすい（硬玉）…新潟県姫川　サヌカイト（讃岐石）…奈良県二上山

習俗	アニミズム…精霊崇拝　土偶…女性をかたどる　石棒…男性性器を表現
	抜歯…通過儀礼　墓制⇨屈葬…手足を折り曲げる。共同埋葬

3 — 主な遺跡

化石人骨	浜北（静岡）　港川（沖縄）
旧石器文化	岩宿遺跡（群馬）　野尻湖遺跡（長野）　早水台遺跡（大分）
縄文文化	夏島貝塚（神奈川）　大森貝塚（東京）　亀ヶ岡遺跡（青森）　三内丸山遺跡（青森）　板付遺跡（福岡）　菜畑遺跡（佐賀）

1 旧石器文化／縄文文化

スピード・チェック

1 ── 旧石器文化

❶ 地球上に人類が誕生したのは，地質学でいう中新世後期のころで，次の(1　　)は氷期があったことから(2　　)とも呼ばれ，海面は現在と比べると著しく下降した。

❷ 氷期の日本は北と南がアジア大陸と陸続きで，北からは(3　　)やヘラジカ，南からは(4　　)やオオツノジカなどの大型動物がやってきた。

❸ 人類最初の道具は，石を打ち欠いただけの(5　　)であった。(5　　)のみを用いた時期を(6　　)時代という。

❹ この時代の人々は，(7　　)と植物性食料の採取生活を送っていた。

❺ 石器の種類には，打撃に用いる図1-①の(8　　)，切断に用いる図1-②の(9　　)，刺突用に投槍として用いる図1-③の(10　　)などがある。終末期には図1-④のように小型の組合せ式の(11　　)が出現した。

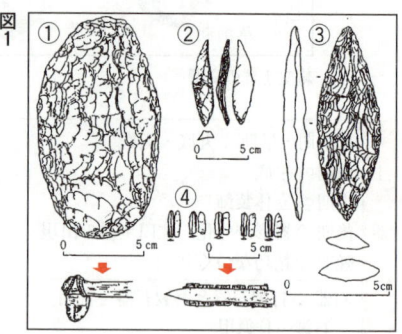

図1

2 ── 縄文文化

❶ 今から1万年余り前ごろからは地質学上では(12　　)と呼ばれ，気候が温暖化して海水面が上昇するとアジア大陸と切り離されて(13　　)が形成される。

❷ 日本の人々の生活も変化して(14　　)文化が成立する。狩猟の道具では(15　　)が発明され，石を磨いて仕上げた(16　　)が多く出現した。考古学の時期区分では(17　　)時代に属する。

❸ この時代には，食物を煮沸したり，ものを貯蔵する(18　　)が出現した。この表面には器面を平らにするために縄(撚糸)を転がしてつけた文様が多いので，(19　　)と呼ばれている。これらの形態の変化からこの時代を(20　　)つの時期に区分している。

❹ 食料獲得の手段は，狩猟・植物性食物の採取・(21　　)でまかなった。入江が多いことを背景に(21　　)が発達し，食べた貝の貝殻などを捨てたものがたい積した(22　　)が数多く残っている。

❺ 道具類は多種多様に発達し，狩猟用の矢じりとしての(23　　)，動物の皮をはぐための(24　　)，土掘りや裁断用の(25　　)，食物をすりつぶすための(26　　)・(27　　)などがある。

❻ (28　　)・銛・やすなどは動物の骨・牙・角でつくられ，(29　　)と呼ばれる。石錘や土錘の出土もあり，網を使用した漁法も行なわれた。航海の際には(30　　)がつかわれた。

❼ 住居は地面を掘り下げてそのうえに屋根をかけた(31　　)で，台地上に10軒程度が中央広場を囲んだ(32　　)がつくられた。食料を保存する(33　　)をともなうことがある。

❽ この時代は集団間で物々交換が行なわれ，北海道十勝岳付近や長野県(34)，東京都神津島などで産出する(35)のほかに，新潟県姫川流域で産出する(36)や奈良県二上山で産出する(37)などが，かなり広い地域から出土している。
❾ 人々にはあらゆる自然物や自然現象に霊威が存在していると考える(38)があり，(39)によって災いを避け，獲物の増加を祈った。

図2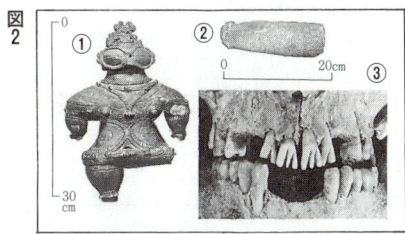

図3

❿ 呪術の習俗を示す遺物に，女性をかたどった図2-①の(40)，男性性器を表現したと思われる図2-②の(41)などがある。通過儀礼と考えられる図2-③にみられる(42)の風習や叉状研歯などがある。死者はていねいに葬られ，多くは図3のように(43)が行なわれた。

3 ── 主な遺跡

❶ 更新世の化石人骨の出土例として，図4-①の(44)人・②の(45)人などは，いずれも新人段階のものである。
❷ 日本の旧石器文化の発見は，1949年に③の(46)遺跡の調査で，更新世にたい積した(47)の中から打製石器が出土したことにはじまる。1964年より調査された④の(48)遺跡でナウマンゾウの化石が石器・骨角器とともに出土した。

図4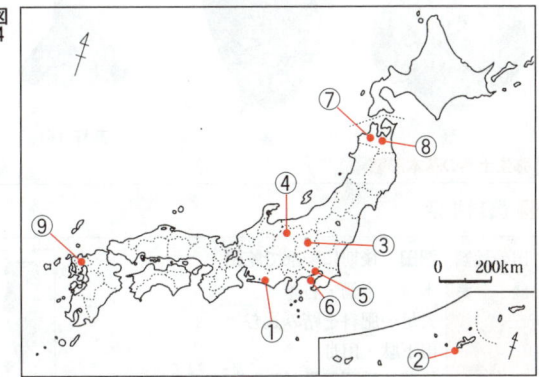

❸ 縄文時代の研究は米人モースによる⑤の(49)貝塚の調査がはじまりである。時期の古い遺跡は⑥の(50)貝塚（早期），精巧な土器類や植物性遺物が出土したのは⑦の(51)遺跡，縄文人の豊かな生活を明らかにしたのが⑧の(52)遺跡である。
❹ 晩期には農耕が行なわれ，⑨の(53)遺跡では水田跡が検出された。

2 弥生文化

1 — 弥生文化

 水稲農耕，金属器の使用と弥生土器の使用を中心に，文化の特色を把握する。

1 特色

時期　紀元前4世紀頃～紀元3世紀中頃
- ①**水稲農耕**を基礎とする
- ②**金属器の使用**…青銅器(銅と錫の合金)と鉄器
- ③**磨製石器**，機織り技術
- ④**弥生土器**の使用…機能に応じて用いる
  - → 壺…貯蔵用
  - → 甕…煮炊き用
  - → 高杯(坏)…盛り付け用
  - → 甑…蒸す

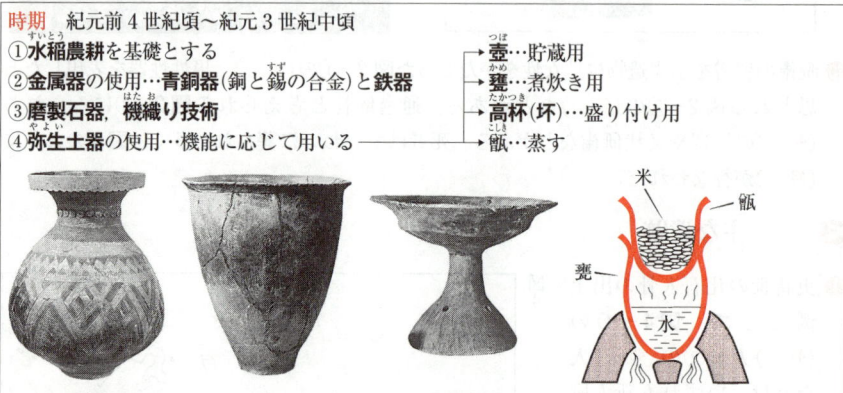

弥生土器の基本形態　　壺　　甕　　高杯(坏)　　甑

2 農耕生活

田の種類	**湿田**　後期に一部で**乾田**
農具	木鍬・木鋤・石斧 大足…肥料を踏み込む 田下駄・田舟 後期　**鉄製工具**(斧・鉇・刀子)
播種方法	直播き，**田植え**も行なわれる
収穫方法	**石包丁**により**穂首刈り**
脱穀	**木臼**・**竪杵**
保管	**高床倉庫**
集落	**環濠集落** 　集落の周囲に深い濠や土塁をめぐらす。全国各地に分布する **高地性集落** 　海抜100mをこえる山頂・丘陵上にいとなまれた軍事・防衛的なもの

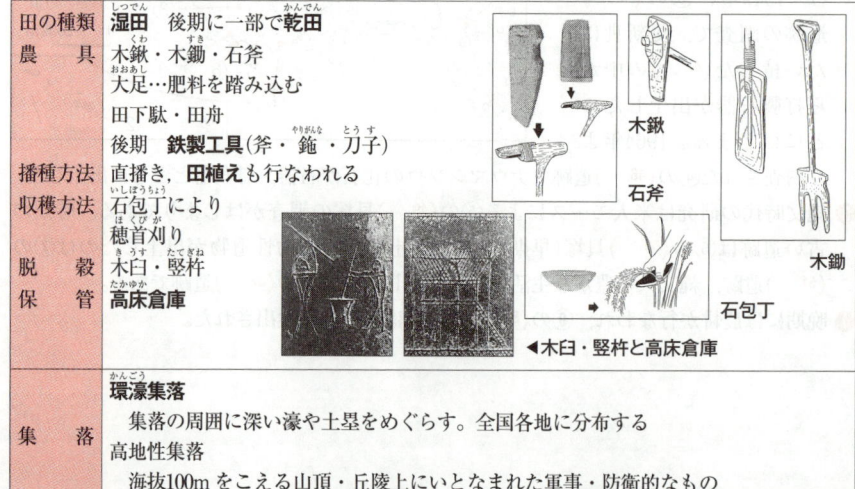

木鍬／石斧／木鋤／石包丁／◀木臼・竪杵と高床倉庫

2 ── 祭祀

 墓制や青銅製祭器をとおして、社会の特色をとらえる。墓制・青銅製祭器ともに形態まで頭に入れておくこと。

1 墓制

方法	伸展葬が多い…死体の四肢をのばして葬る
種類	甕棺墓…大きな土器を組み合わせて中に死者を葬る 支石墓…数個の石の支柱を立て、そのうえに平石を載せる（九州北部に多い） 箱式石棺墓…扁平な板石を長い箱形に組み合わせ、同様な板石でふたをする 木棺墓…木をくり抜くか組み合わせてつくる 方形周溝墓…方形の低い墳丘の周囲に溝をめぐらす 墳丘墓…盛土をして墓域を画した墳丘をもつ墓 土壙墓…地表面を掘りくぼめて葬る。もっとも普及した形態

甕棺墓
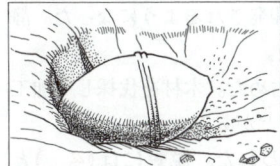

支石墓
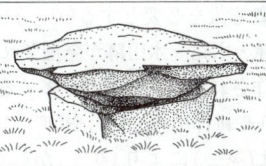

箱式石棺墓
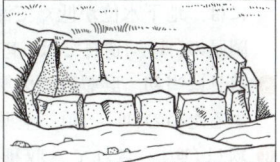

木棺墓

方形周溝墓
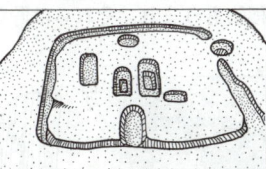

墳丘墓

2 青銅製祭器…用途：豊かな収穫の祈願・感謝

種類	形態	分布
①銅矛	柄を下方の空洞部にさす	九州地方北部
②銅戈	柄を刃に直角につける	
③銅剣	柄を下方の突出部にさす	平形：瀬戸内海沿岸 細形：九州北部
④銅鐸	釣鐘形	近畿地方

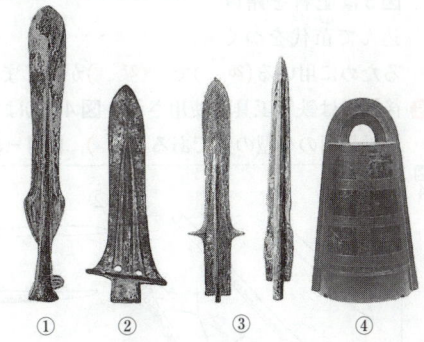

2 弥生文化

スピード・チェック

1 ── 弥生文化

❶ 紀元前4世紀ごろ，西日本に(1   )農耕を基礎とし，銅と錫の合金である(2   )や鉄器など，金属器の使用を特色とする(3   )文化が成立した。

❷ 最近では佐賀県菜畑遺跡や福岡県(4   )遺跡の調査により，西日本各地では縄文時代晩期に(1   )農耕がはじまっていたことが明らかになった。これはしだいに全国へ拡大し，青森県まで達した。北限の代表的遺跡として(5   )遺跡がある。

❸ この時代の土器を(6   )という。名称の由来は，東京の本郷(7   )の向ヶ岡貝塚で最初に発見されたことによる。種類は煮炊き用の(8   )，貯蔵用の(9   )，食物を盛り付ける鉢や(10   )，食物を蒸すための(11   )など，機能に応じて用いられた。

❹ 稲作は，初期には地下水位が高くて排水施設を必要とする(12   )で行なわれた。後期には，地下水位が低くて灌漑施設を必要とする(13   )も開発されるようになった。静岡県の(14   )遺跡では，畦畔・水路・水田跡が発掘された。

❺ 道具は当初，磨製石器で製作された(15   )農具が多くを占めた。木材を伐採して加工するための(16   )類，土掘りや耕作用の(17   )や(18   )などがある。

❻ 籾は(19   )されて，収穫は(20   )により(21   )が行なわれた。脱穀には(22   )と(23   )が用いられた。

❼ 生産力が上昇すると余剰収穫物もうまれ，それらは貯蔵穴や図1の(24   )に収納され保管された。

❽ 図2は低湿地の深田においての農作業で足の沈下を防ぐための(25   )，図3は肥料を踏み込んで苗代をつくるために用いる(26   )で，(27   )がはじまっていたことを示す。

図1

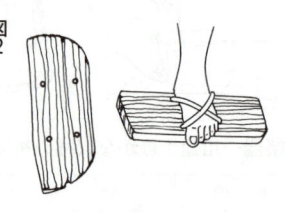
図2

図3

❾ 後期には鉄製工具が使用され，図4-①は木材の表面を滑らかに削る(28   )，図4-②は携帯用の小型の刀である(29   )，図4-③は伐採・切断用の(30   )である。

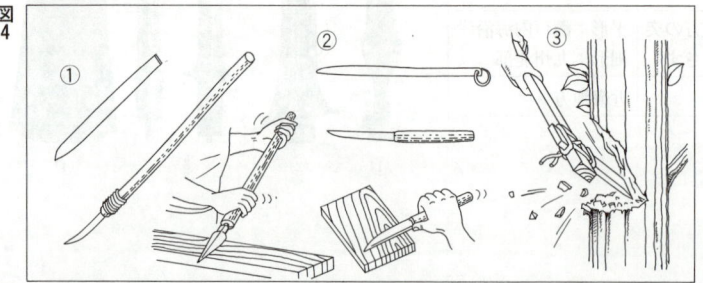
図4

❿ 集落は図5・6のように周囲に深い濠や土塁を設ける例が多く，(31   )と呼ばれる。図5は神奈川県(32   )遺跡で，図6は内外二重の濠があり，望楼と思われる掘立柱の建物がある佐賀県(33   )遺跡である。奈良県(34   )遺跡は日本最大級の規模である。
⓫ 瀬戸内海沿岸を中心とする西日本では，海抜100mをこえる日常の生活に不便な山頂・丘陵上に(35   )と呼ばれる集落が出現する。

2 ── 祭祀

❶ 埋葬方法は前代の屈葬より，死者の両足をのばして葬る(36   )が増加した。
❷ 埋葬形態では，九州北部で地上に大石を配した(37   )をいとなんだり，2つの土器を合わせたものや1つだけのものもありその中に死者を葬り，石でふたをする(38   )がみられた。
❸ 西日本では，平らな板石を組み合わせて同様な板石でふたをする(39   )や，木をくり抜くか組み合わせてつくる(40   )がみられた。
❹ もっとも一般的な形態は，地表面を掘りくぼめて葬る(41   )である。
❺ 方形の低い墳丘のまわりに溝をめぐらせた(42   )は，家族墓的性格があったらしい。
❻ 弥生時代中期から西日本で盛土をして墓域を画した(43   )が出現して，墓には多量の副葬品をもつことがあり，各地に強力な支配者が出現したことを示している。

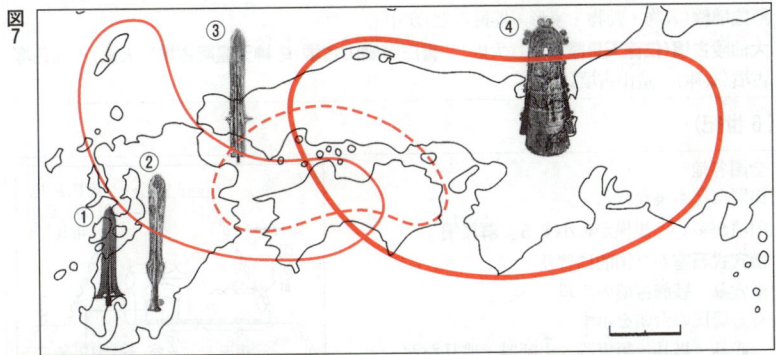

❼ 図7について，青銅製祭器は九州北部を中心に①の(44   )や②の(45   )，瀬戸内海中部を中心に③の平形(46   )，近畿地方を中心に④の(47   )が分布した。
❽ 1984〜85年に島根県(48   )遺跡で358本の(46   )，6個の(47   )，16本の(45   )が出土した。1996年に同県(49   )遺跡で39個の(47   )が出土した。

3 古墳文化

1── 古墳文化の変遷

前期・中期・後期・終末期に区分して整理し，それぞれの特色をまとめて違いをおさえる。写真や図版などで遺構や遺物を確認する。

1 前期（3世紀後半～4世紀後半）

分　布	近畿中心
立　地	丘陵・台地上に多い
形　状	**前方後円墳**・円墳・方墳・前方後方墳
埋葬法	**竪穴式石室**・粘土槨・木棺または石棺
副葬品	呪術的・宗教的色彩が強い 　銅鏡（**三角縁神獣鏡**）・玉・碧玉製腕輪形宝器・ 　銅剣・鉄製の武器・農工具
埴　輪	**円筒埴輪**が中心，家形埴輪・器財埴輪
遺　跡	箸墓古墳（奈良）

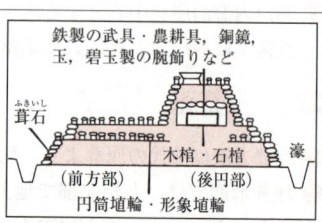
竪穴式石室

2 中期（4世紀後半～5世紀）

分　布	全国各地に拡大
立　地	平野に築かれる
形　状	前方後円墳（大規模化⇨近畿に**大王**の墓出現）。出雲地方には前方後方墳が多い
埋葬法	竪穴式石室　5世紀半ばに横穴式石室が発生
副葬品	武人的性格…刀剣・甲冑などの武具や馬具，冠，金銅製装身具
埴　輪	**形象埴輪**（人物・動物・家形・器財など）が中心
遺　跡	**大仙陵古墳（仁徳天皇陵古墳）**（大阪）　**誉田御廟山古墳（応神天皇陵古墳）**（大阪）　五色塚古墳（兵庫）　造山古墳（岡山）

3 後期（6世紀）

分　布	全国各地
立　地	山間部にも築かれる
形　状	円墳が多い。規模が縮小する。**群集墳**
埋葬法	**横穴式石室**が全国的に普及 　横穴墓，**装飾古墳**の出現
副葬品	有力農民の台頭を示す 　武具・馬具・須恵器・土師器・農具など
埴　輪	円筒埴輪・形象埴輪ともに用いられる
遺　跡	［装飾古墳］竹原古墳（福岡），王塚古墳（福岡） ［群集墳］新沢千塚古墳群（奈良），岩橋千塚古墳群（和歌山） 藤ノ木古墳（奈良）

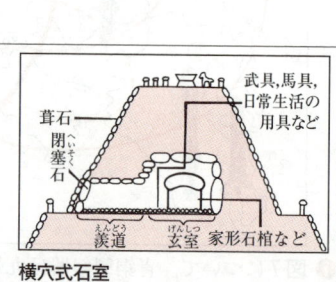
横穴式石室

4 終末期（7世紀）

形状	首長層＝前方後円墳の造営停止 ⇨ 大型の方墳・円墳 大王墓＝八角墳
遺跡	[八角墳]牽牛子塚古墳(奈良)，野口王墓古墳(＝天武・持統合葬陵)(奈良) [壁画古墳]キトラ古墳(奈良)，**高松塚古墳**(奈良)

2 ── 古墳時代の生活と信仰

生活では土器の変容，信仰では儀礼・習俗について注目し，その意味を理解する。

生活	住居	平地住居…掘立柱の建物で平面は方形 竪穴住居…内部にカマドを設置，豪族は居館の形成
	土器	**土師器**…弥生土器の系譜を引く，赤褐色 **須恵器**…5世紀より朝鮮半島からの製作技術で，窖窯(登り窯)で焼成，硬質で灰色
儀礼		**祈年の祭**…春に五穀豊穣を祈る祭 **新嘗の祭**…秋に収穫を感謝する祭。天皇即位の年は**大嘗祭**
習俗		**禊**…清浄な海川の中に入り，身に付いたけがれを落とし清める **祓**…災厄や罪悪，けがれなどをはらう **太占の法**…鹿の肩胛骨を焼いて，その割れ具合で今後の吉凶を占う **盟神探湯**…熱湯に手を入れて，ただれの有無で真偽を確かめる
祭祀		自然神の信仰…奈良三輪山 ⇨ 大神神社　福岡沖ノ島 ⇨ 宗像大社沖津宮 神社の設置……伊勢神宮(三重)…大王家の祖先神の天照大神を祀る。神明造 　　　　　　　出雲大社(島根)…国譲り神話の大国主神を祀る。大社造 　　　　　　　住吉大社(大阪)…住吉3神を祀る。航海の守護神。住吉造

3 ── 渡来人と大陸文化

大陸文化の伝播を大きく漢字・儒教・仏教に分類して理解する。特に漢字の使用例は遺物・文字・年代に注目。

①渡来人の伝承	王仁 ⇨ **西文氏**の祖　阿知使主 ⇨ **東漢氏**の祖　弓月君 ⇨ **秦氏**の祖
②技術者集団	韓鍛冶部…冶金　陶作部…須恵器　錦織部…高級織物　鞍作部…木工・彫金
③漢字の使用	石上神宮七支刀(奈良) ⇨ 369年 **江田船山古墳出土鉄刀**(熊本) ⇨ 獲加多支鹵 **稲荷山古墳出土鉄剣**(埼玉) ⇨ 471年？，獲加多支鹵大王(雄略天皇) 隅田八幡神社人物画像鏡(和歌山) ⇨ 503年説が有力
④儒教の伝来	百済より**五経博士**来日(513年)
⑤仏教の伝来	百済の聖明王が欽明天皇に仏像・経論を献上 　538年説 ⇨『上宮聖徳法王帝説』『元興寺縁起』 　552年説 ⇨『日本書紀』
⑥その他	医・易・暦博士来日　『**帝紀**』『**旧辞**』の編纂

3 古墳文化

スピード・チェック

1 ── 古墳文化の変遷

❶ (1　)世紀中頃から，大規模な(2　)をはじめとする古墳が西日本各地に出現した。

❷ 出現期の古墳の中でもっとも規模が大きいものは(3　)地方に集中する。この時期の政治的な連合を(4　)という。

❸ 古墳文化は(5　)の3期に区分されるが，7世紀を終末期として区分することもある。

❹ 古墳には様々な墳形がみられる。数が多いのは(6　)や(7　)であるが，大規模な古墳はいずれも(8　)であり，もっとも重要と考えられた墳形であった。

❺ 古墳の墳丘上には(9　)が並べられ，斜面には(10　)がふかれた。(9　)には，前期に墳丘の土止め，もしくは墓域を明示するためにつくられた図1の(11　)が，中期以降には図2のような器財・人物・動物などの(12　)がさかんに用いられるようになった。

図1

図2

❻ 埋葬施設は，前期・中期には(13　)や石棺を(14　)石室におさめたもの，棺を粘土でおおった(15　)などがいとなまれた。中期に出現した(16　)石室は後期以降に多くなる。

❼ (16　)石室において，遺体を安置する室を(17　)といい，入口から(17　)までの通路は(18　)と呼ばれる。

❽ 副葬品は，前期には多量の(19　)，碧玉製の腕輪形宝器，鉄製の武器や農工具など呪術的・宗教的色彩の強いものが多い。中期になると武器・武具の占める割合が高くなり，(20　)なども加わって，被葬者の武人的性格が強まったことを示している。

❾ 中期になると古墳の規模は拡大するが，最大のものは図3にある大阪府の(21　)で，5世紀のヤマト政権の盟主，すなわち(22　)の墓と考えられる。

図3

図4

❿ 後期には図4のように一定地域内で小規模な円墳などの古墳が多数構築され，(23　)と呼ばれている。これは有力農民層が台頭したことを示すものと考えられる。和歌山市の(24　)はその有名な遺跡である。

⓫ また墓室内に彩色あるいは線刻された壁画をもつ(25　)がみられるようになった。一方，墓室を丘陵や山の斜面に掘り込んだ(26　)が各地に出現した。

3　古墳文化

⑫ 終末期には，首長層は前方後円墳に代わって大型の方墳や円墳を造るようになり，7世紀の中頃になると，近畿地方では大王墓として(27　)が造られるようになった。
⑬ 1972年に極彩色の女子群像・男子群像などの壁画が発見された(28　)古墳は終末期の円墳で，四神図や精密な天文図などが発見された(29　)古墳は，それよりやや早い時期の造営と考えられている。

2 ── 古墳時代の生活と信仰

❶ 古墳時代の住居は，竪穴住居のほかに(30　)がみられた。5世紀になると竪穴住居にはつくり付けの(31　)がともなうようになる。
❷ 土器は，前期から中期初めまでは弥生土器の系譜を引く赤焼きの(32　)が用いられた。5世紀からは，朝鮮半島から伝えられた製作技術でつくられた(33　)も出現した。
❸ 農耕に関する祭祀では，豊作を祈る春の(34　)や収穫を感謝する秋の(35　)が特に重要なものであった。
❹ 習俗では，けがれをはらい，災いをまぬがれるために(36　)や(37　)，鹿の骨を焼いて吉凶を占う(38　)，さらに裁判に際して，熱湯に手を入れさせ，手がただれるかどうかで真偽を判断する(39　)などがさかんであった。
❺ 自然神の信仰では，奈良県三輪山を神として祀る(40　)や福岡県沖ノ島を神として祀る(41　)などがあり，古墳時代以来の祭祀が続いている。
❻ 氏の祖先神である(42　)を祀るものとして，大王家の祖先神である天照大神を祀る三重県(43　)，大国主神を祀る島根県(44　)，海神を祀る大阪府(45　)などがあり，古くからの信仰に由来するものである。

3 ── 渡来人と大陸文化

❶ 朝鮮半島や中国とさかんに交渉する中で，新しい文化や技術が，主として朝鮮半島からやってきた人々から伝えられた。これらの人々を(46　)という。
❷ 「記紀」に，西文氏の祖先とされる(47　)，東漢氏の祖先とされる(48　)，(49　)の祖先とされる弓月君らの説話が伝えられている。
❸ (50　)の使用がはじまり，(50　)の音を借りて日本人の名や地名などを書き表わすことができるようになった。例として，和歌山県(51　)の人物画像鏡の銘文がある。
❹ また，熊本県(52　)古墳出土の鉄刀の銘文と埼玉県(53　)古墳出土の鉄剣の銘文には「ワカタケル」の文字がみられ，雄略天皇をさすと考えられる。
❺ 6世紀には百済から来た(54　)により(55　)が伝えられたほか，医・易・暦などの学術も一部に受け入れられた。
❻ 百済の聖明王が欽明天皇に(56　)を伝えたとされる。その年代については，『日本書紀』によって(57　)年とする説，『(58　)』や『元興寺縁起』によって(59　)年とする説とがある。後者の説が有力である。
❼ 8世紀初めにできた歴史書である『古事記』や『日本書紀』は，大王の系譜をしるした『(60　)』や朝廷の説話・伝承をまとめた『(61　)』をもとにしている。

4 飛鳥文化／白鳳文化

1── 飛鳥文化

法隆寺に代表的遺構・遺品が多いことに注目する。中国南北朝・朝鮮・西域の文化の影響に留意。写真・図版で確認しながら整理する。

特色	①最初の仏教文化　②中国南北朝文化の影響　③文化の国際的性格
仏教	氏寺の建立　**飛鳥寺**(法興寺, 元興寺)⇐蘇我氏　**百済大寺**⇐舒明天皇 　　　　　　**四天王寺・法隆寺**(斑鳩寺)⇐厩戸王(聖徳太子)　広隆寺⇐秦氏 仏法興隆の詔(594)
建築	**法隆寺**金堂・五重塔・中門・歩廊(回廊)
彫刻	北魏様式…力強く男性的 　　**法隆寺金堂釈迦三尊像**…鞍作鳥の作 　　**法隆寺夢殿救世観音像**⇐フェノロサが調査 　　**飛鳥寺釈迦如来像**⇒わが国最古の現存仏像 南朝(南梁)様式…柔和で丸みがある 　　**法隆寺百済観音像** 　　**広隆寺半跏思惟像** 　　**中宮寺半跏思惟像**
工芸	**法隆寺玉虫厨子**須弥座絵・扉絵…建築・工芸・絵画の技術が集約される **中宮寺天寿国繡帳**…厩戸王の妃 橘 大郎女がつくらせる 法隆寺獅子狩文様錦…モチーフはササン朝ペルシアに源
その他	法隆寺歩廊などのエンタシスの柱…古代ギリシア建築の影響 忍冬唐草文様…エジプトでおこり，ギリシア・ペルシアなど西域の影響 **曇徴**(高句麗の僧) 　　彩色・紙・墨の技法を伝える **観勒**(百済の僧) 　　暦法をもたらす⇒年月の経過を記録 『天皇記』『国記』の編纂(620)⇒のち，焼失

法隆寺救世観音像

法隆寺百済観音像

法隆寺玉虫厨子

中宮寺天寿国繡帳

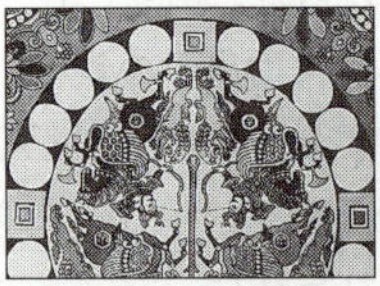

法隆寺獅子狩文様錦　　忍冬唐草文様

2 ── 白鳳文化

　代表的な遺構・遺品は薬師寺に集中している。そのつど写真や図版で確認しながら，各分野の特色を整理する。

特色	①初唐文化の影響　②清新で若々しい　③世界性に富む
仏教	国家仏教⇨官大寺(官寺)…伽藍造営・維持・管理は国家が行なう 　　　　　大官大寺(のち大安寺)・薬師寺
建築	**薬師寺東塔**…三重塔の各層に裳階が付く 山田寺…蘇我倉山田石川麻呂が建立，のち荒廃
彫刻	**薬師寺金堂薬師三尊像**…中央に薬師如来，脇侍が日光・月光菩薩 薬師寺東院堂聖観音像 法隆寺阿弥陀三尊像 法隆寺夢違観音像 **興福寺仏頭**…もと山田寺本尊の頭部
工芸	**法隆寺金堂壁画**…インドのアジャンター石窟壁画との共通性 **高松塚古墳壁画**…男女人物群像・四神図，極彩色で描かれ，高句麗の影響 キトラ古墳壁画…四神図・天文図
その他	法隆寺竜首水瓶…ササン朝ペルシアの要素と中国の伝統 漢詩文…大友皇子・大津皇子の作品 和歌…柿本人麻呂・額田王の作品

薬師寺金堂薬師三尊像 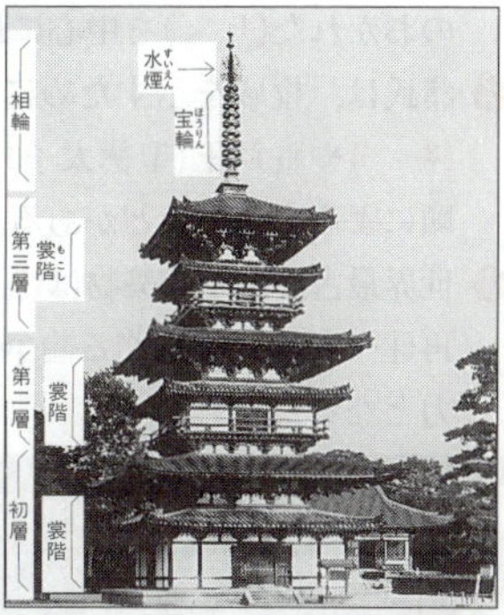　薬師寺東塔

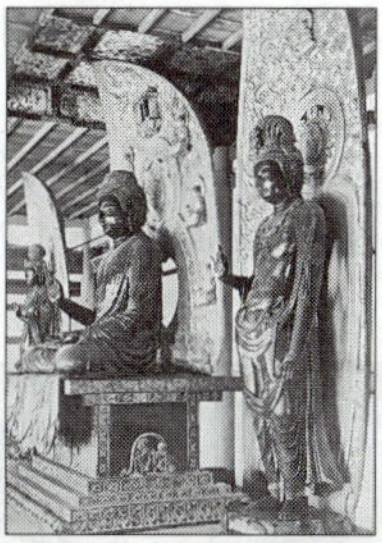

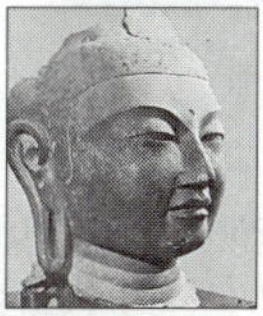

興福寺仏頭 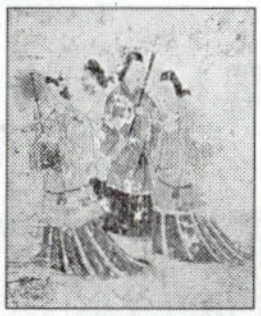　高松塚古墳壁画　法隆寺竜首水瓶

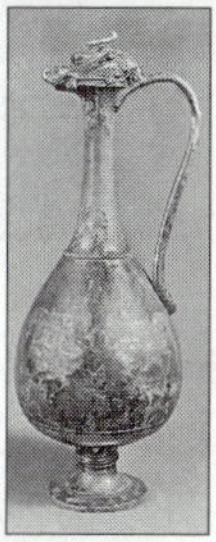

3 ── 伽藍配置

　寺院内の建造物の名称と役割を理解する。配置の変遷は，もっとも重要な塔の位置に注目すること。

建造物
塔…釈迦の骨(仏舎利)をおさめる
金堂…仏像を祀る
講堂…僧侶が経典を講義したり，修行する場

変遷の特色
　飛鳥寺式⇨塔が中心
　法隆寺式⇨塔と金堂が同格
　薬師寺式⇨金堂が中心

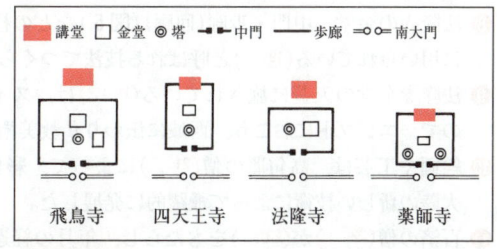
寺院の伽藍配置

4 スピード・チェック
飛鳥文化／白鳳文化

1 ── 飛鳥文化

❶ 6世紀にわが国に伝えられた仏教は蘇我氏が政治の実権を握ると急速に発展し，朝廷のおかれた(1   )を中心に最初の仏教文化がおこった。

❷ 諸氏は，権威を示すためにきそって(2   )を建てた。これには，蘇我氏の発願による(3   )や厩戸王（聖徳太子）の発願によるといわれる四天王寺や(4   )，(5   )氏の発願による広隆寺などがある。

❸ 世界最古の木造建築物は(6   )である。『日本書紀』には670年に焼失の記事があるため，再建・非再建をめぐる論争があったが，(7   )伽藍跡の発掘調査により前者の説が有力となった。

図1

図2

図3

図4

図5

❹ 彫刻では，図1の法隆寺金堂の(8   )は(9   )の作である。法隆寺夢殿の(10   )は秘仏で，フェノロサの調査により解明された。後世の補修はあるが，現存最古の仏像として図2の飛鳥寺(11   )がある。いずれも，中国の(12   )様式の影響である。

❺ 図3・4の中宮寺や広隆寺の(13   )や法隆寺の(14   )などの木像は，中国の南朝（南梁）様式の影響を受けて柔和で丸みがある。

❻ 工芸品では，法隆寺の(15   )が代表で須弥座絵や扉絵を有し，建築・工芸・絵画の技術が集約される。中宮寺の(16   )は，厩戸王の妃橘大郎女らがつくらせた。

❼ また，法隆寺の(17   )は，ササン朝ペルシアの円形連続文様の影響がある。法隆寺の(18   )は，頭部には中国の竜，胴部にはギリシアのペガサスが施されている。

❽ 法隆寺の金堂・中門・歩廊（回廊）（図5）などの柱の列は，ギリシアのパルテノン神殿に用いられている(19   )と呼ばれる技法でつくられている。

❾ 法隆寺金堂の天蓋に施されている(20   )は，スイカズラの葉と蔓を連続文様にしたもので，エジプトにおこり，西域に伝わり仏教美術と結合して日本に伝来した。

❿ 絵画や工芸は，高句麗の僧(21   )によって，彩色・紙・墨の技法が伝えられるなど，大陸の新しい技術によって飛躍的に発展した。

⓫ 百済の僧(22   )が(23   )をもたらし，年月の経過を記録することがはじまった。同じころ，厩戸王と蘇我馬子とがともに編集した歴史書として『(24   )』と『(25   )』がある。

2 ── 白鳳文化

❶ 大化改新から平城京遷都までの律令国家建設期の清新さを背景とした文化は、孝徳天皇の年号である白雉の別名から(26　)と呼ばれる。
❷ 伽藍造営・維持・管理を国家が行なう寺院を(27　)という。これには、天武天皇が建立し、東大寺建立以前には筆頭であった(28　)などがある。天武天皇が皇后の病気平癒を祈り藤原京に創建し、平城京遷都とともに移転したのが(29　)である。
❸ 建築の代表は(30　)である。各層に(31　)が付き、六重塔のようにみえる。また蘇我倉山田石川麻呂により建立されたのが(32　)である。平安時代末期に荒廃したが、1982年に回廊の一部が発掘された。
❹ (29　)金堂の代表的な仏像は(33　)で、豊かな体つき、写実的な衣紋などを表現している。同寺東院堂(34　)は技巧にすぐれ、均整のとれた体つきである。また、もと(32　)の薬師三尊の頭部と推定される(35　)は、人間的な若々しさにあふれている。
❺ 図6の(36　)は1949年に焼損したが、図7のインド・グプタ朝の(37　)石窟壁画や中国の(38　)石窟壁画などの技法をとり入れている。

図6
図7

❻ 1972年に奈良県明日香村で発見された(39　)の壁画は、7世紀末から8世紀初めごろのものと推定され、石槨内部の壁に極彩色で描かれている。
❼ 古墳時代終末期に造られた(40　)では、石槨内の壁に高松塚と同様の四神のほか獣頭人身十二支像が描かれ、天井には精密な天文図が描かれていた。
❽ 天智天皇の時代以後、宮廷では漢詩文をつくることがさかんに行なわれた。歌人では、天武天皇の皇子で天皇の死後に謀反の疑いでとらえられて自殺した(41　)がいる。のちに『(42　)』に収録された。
❾ 和歌は漢詩の影響を受けて五音七音を基本とする詩型が定まり、歌人では雄大・荘厳な長歌を残して後世まで歌聖と呼ばれた(43　)や初め大海人皇子の寵愛を受け、のち天智天皇に召された(44　)らがいる。『(45　)』に作品が収録されている。

3 ── 伽藍配置

❶ 寺院内の建造物として、釈迦の骨(仏舎利)をおさめるところが(46　)、仏像を祀るのが(47　)、僧侶が経典を講義したり、修行する場が(48　)である。
❷ (49　)式は、塔の三方を金堂がとり囲む配置である。
❸ (50　)式では、金堂の前に塔を建て、南北一直線の配置である。
❹ (51　)式は、中門からみて西の塔と東の金堂が対称的に並んで建てられており、両者が同格になったことを示している。
❺ 中央に金堂、南に東西両塔が建つ配置が(52　)式で、金堂が中心であることを示す。

5 天平文化

1 ── 天平文化

ポイントはこれだ☆ 建築は，現存する奈良時代の遺構に注意。彫刻は，乾漆像・塑像に区別し，写真などで特徴を確認する。所蔵する寺院もおさえておくこと。

天平文化の特色	①平城京中心に形成 ⇨ **聖武天皇**の時代が最盛期 ②国家仏教の発展が背景 ⇨ 仏教的色彩が濃い ③盛唐文化の影響（⇦遣唐使派遣）⇨ 国際性豊か
建築	唐招提寺：金堂＝天平期の建築 　　　　　講堂＝平城宮朝集殿を移築 東大寺：**法華堂**（**三月堂**）＝正堂が天平期，礼堂は鎌倉期 　　　　転害門＝東大寺創建当時の遺構 　　　　正倉院宝庫＝**校倉造**建築 法隆寺：伝法堂＝奈良時代貴族の邸宅遺構，夢殿＝八角円堂

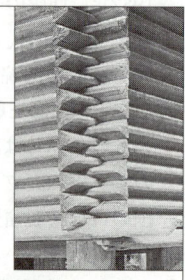
校倉造

	乾漆像	塑像
彫刻	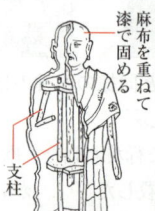  興福寺阿修羅像 **東大寺法華堂不空羂索観音像** 興福寺八部衆像（**阿修羅像**など） 興福寺十大弟子像（須菩提像など） **唐招提寺鑑真像**　聖林寺十一面観音像	 東大寺戒壇堂広目天像 **東大寺日光・月光菩薩像** 東大寺法華堂執金剛神像 東大寺戒壇堂四天王像 新薬師寺十二神将像

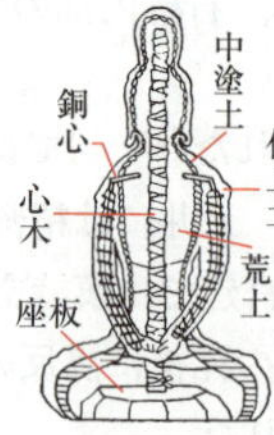

工芸・絵画	正倉院宝物（光明皇太后献納の聖武太上天皇の遺品，大仏開眼会用品など） 　**螺鈿紫檀五絃琵琶，漆胡瓶，白瑠璃碗**⇦東ローマ・西アジアとの関係 　**鳥毛立女屏風**＝唐衣装を着けた美人図 　**薬師寺吉祥天像**＝吉祥悔過会本尊画像 　過去現在絵因果経＝絵巻物の源流 　法隆寺百万塔（⇦称徳天皇の発願） 　　**百万塔陀羅尼**＝現存最古の印刷物 　東大寺大仏殿八角灯籠

百万塔 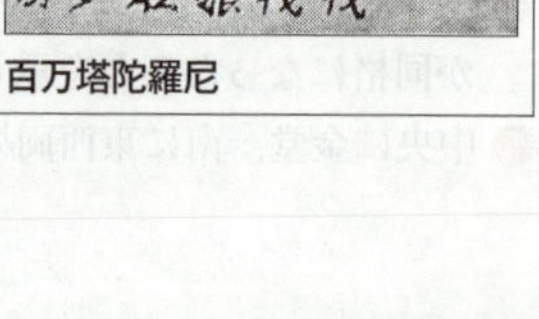　　百万塔陀羅尼

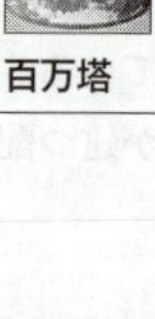

5　天平文化

史書	『古事記』(712)：神代〜推古朝⇦**稗田阿礼**が誦習，**太安万侶**(安麻呂)が筆録
	『日本書紀』(720)：神代〜持統朝⇦舎人親王が編纂の中心，**六国史**の最初
	『風土記』(713〜)：諸国の地誌(地名の由来・産物・伝承など)
	現存：**『出雲国風土記』**(完本)，播磨・常陸・肥前・豊後の各国風土記の一部

文学	漢詩文⇨淡海三船(『唐大和上東征伝』撰)，**石上宅嗣**(**芸亭**を開設)
	『懐風藻』(751)：現存最古の漢詩集⇨大友皇子，大津皇子，長屋王らの作品
	和歌⇨山上憶良(「貧窮問答歌」)，山部赤人(自然・叙景歌人)
	大伴旅人(九州歌壇の中心)，大伴家持(『万葉集』編者か)
	『万葉集』(⇦万葉仮名で記載)⇨著名歌人の歌，東歌・**防人歌**などを収録

教育	官吏養成⇦儒教中心の教育
	─**大学**(中央)⇦五位以上の貴族や東西史部の子弟，八位以上の子弟の希望者
	明経道(儒教の経典を学ぶ)，明法道(律令・格式の研究)
	文章道(漢詩文・歴史を学ぶ)，算道(算術を学ぶ)
	─**国学**(地方)⇦郡司の子弟

2 ── 国家仏教

　国分寺建立・大仏造立に象徴される鎮護国家思想の発展を具体的にとらえ，また社会事業や僧侶の活動にも注目する。

	国家仏教＝**鎮護国家**の仏教(仏教による国家の安泰)⇨法会・祈禱
国家の保護・統制	僧尼令⇨私的な出家・民間布教活動の禁止など
	官大寺⇨**南都七大寺**(薬師・大安・興福・元興・東大・西大・法隆寺)
	南都六宗(三論・成実・法相・倶舎・華厳・律)＝仏教教学の学系
	○法相宗⇨義淵が活躍
	○華厳宗⇦唐僧道璿が伝える，良弁が東大寺建立
	○律宗⇦唐僧**鑑真**が伝える
	○社会事業⇨道慈・**行基**
	聖武天皇⇨**国分寺建立の詔**(741)：山背国恭仁京
	大仏(盧舎那仏)**造立の詔**(743)：近江国紫香楽宮
	○東大寺大仏の造立⇦大仏師国中公麻呂が中心，行基の協力
	孝謙天皇⇨大仏開眼供養会(752)⇦導師：バラモン僧菩提僊那
	○伝統歌舞，高麗楽，渤海楽，唐楽，林邑楽(仏哲が伝える)
社会事業	光明皇太后⇨**悲田院**(貧窮者・孤児を収容)，**施薬院**(貧病人に施薬・治療)
	和気広虫(和気清麻呂の姉)⇨孤児の養育
僧侶の活動	鑑真⇨753年唐より来日，戒律を伝える⇨東大寺に戒壇設立，唐招提寺創建
	行基⇨民間布教，道路修築・架橋など社会事業，大仏造立に協力⇨大僧正に
	道鏡⇨孝謙上皇(称徳天皇)の信任，太政大臣禅師・法王に，宇佐八幡神託事件で追放

5 スピード・チェック
天平文化

1 ── 天平文化

❶ 奈良時代に平城京を中心に形成された高度な貴族文化を，その最盛期であった（1　　）天皇の時代の年号をとって（2　　）と呼ぶ。

❷ この文化は，国家仏教の発展を背景に仏教的色彩の濃いものであり，また（3　　）などによって伝えられた最盛期の唐文化の影響を受けた国際性豊かなものであった。

❸ 唐から招かれた高僧（4　　）の創建になる（5　　）の金堂は，天平期の建築遺構として知られ，また同寺の（6　　）は，平城宮の朝集殿を移築したものとされている。

❹ 東大寺の（7　　）宝庫は，三角材を組み上げた（8　　）建築の最古の例であり，そこには，（9　　）が献納した夫聖武太上天皇の遺品を中心に，大仏開眼会関係の調度品・仏具など数千点の宝物が収蔵されている。

❺ 宝物の中には，ラクダに乗る西域の楽人を螺鈿で撥面に描いた（10　　）やペルシア風の漆胡瓶，ペルシアのものと同型の白瑠璃碗など，ユーラシア大陸を貫く（11　　）を経て東ローマや西アジアなどからもたらされた技法や意匠が認められるものもある。

❻ 東大寺創建当時の建築物とされる（12　　）には，天平期の仏像が多く残されている。本尊の（13　　）は，木の原型のうえに麻布を貼り，漆で塗り固めてつくった（14　　）で，かつてその両脇にあった（15　　）は，木の芯に粘土を厚く付けてつくった（16　　）である。

❼ （14　　）・（16　　）の技法は自由な表現に適し，写実的な像が多くつくられた。（14　　）には，興福寺の八部衆像の1つ（17　　）や肖像彫刻の傑作である唐招提寺の（18　　），（16　　）には，東大寺法華堂の秘仏（19　　）や同寺戒壇堂の四天王像などがある。

❽ 称徳天皇発願の吉祥悔過会の本尊画像である薬師寺の（20　　）や樹下に唐の衣装を着けた女性を配する正倉院の（21　　）の美人像には，太い眉や小さな唇・豊かな体軀など唐の美人図の影響が認められる。

❾ 法隆寺に4万6千余基が残っている三重の木製小塔は（22　　）と呼ばれ，恵美押勝の乱後，戦没者の冥福を祈るために称徳天皇の発願で造立されたもので，中におさめられた（23　　）は，現存する世界最古の印刷物とされている。

❿ 712年に完成した『（24　　）』は，天武天皇が『帝紀』『旧辞』に自ら検討を加えたものを（25　　）によみならわせ，元明天皇の命を受けた（26　　）がそれを筆録したもので，神代から推古天皇までの時代の歴史をしるしている。

⓫ 720年に完成した『（27　　）』は，（28　　）が中心となり，中国の史書にならって編纂した漢文・編年体（年代をおって出来事をしるす叙述法）の歴史書で，以後10世紀初めまでに成立した6つの正史である（29　　）の最初となった。

⓬ その国の地名の由来や産物・伝承などが記載された地誌である『（30　　）』は，713年に政府が諸国に命じて編纂・献上させたもので，ほぼ完全な形で残る『（31　　）』をはじめ播磨・常陸・肥前・豊後の5カ国のものが現在に伝えられている。

⓭ 漢詩文は貴族の教養として重んじられ，鑑真の渡来記録『唐大和上東征伝』を撰した

❸ (32　)やわが国最初の図書館である(33　)を開いた(34　)らが名を馳せた。
⓮ 751年に成立した『(35　)』は，7世紀後半以降の作品120編を集めた現存最古の漢詩集で，天武天皇の皇子大津皇子らが代表的詩人として知られる。
⓯ 仁徳天皇から奈良時代までの和歌約4500首からなる『(36　)』には，著名な歌人だけでなく，東国の民謡である(37　)や防人歌などの地方民衆の歌もおさめられている。
⓰ 『(36　)』に収録された和歌は，漢字の音訓を巧みに組み合わせて日本語を表記する(38　)を用いて記載されている。
⓱ 歌人としては，「貧窮問答歌」など人生や社会の感慨をうたった(39　)，自然を題材とした歌が多い(40　)，大宰師として九州歌壇の中心となった大伴旅人，その子で『(36　)』中最多の479首の歌を残し，編者の1人ともみられる(41　)らが活躍した。
⓲ 教育機関として，中央に貴族や東西史部の子弟を学生とする(42　)が，地方に郡司の子弟を学生とする(43　)がおかれ，官吏養成を目的とする儒教中心の教育を行なった。
⓳ (42　)には，儒教の経典を学ぶ(44　)，律令や格式を研究する明法道，漢詩文や歴史を学ぶ文章道（平安時代には紀伝道が公称となる）などの学科がおかれていた。

2── 国家仏教

❶ 奈良時代には，仏教は国家の厚い保護を受けて発展し，僧侶は，仏の力によって国家の安泰を実現しようと(45　)のための法会や祈禱をさかんに行なった。
❷ 平城京には大安寺・薬師寺など官立の大寺院である(46　)をはじめ多くの大寺院が建立され，それらの寺院には仏教理論の研究の進展にともなって(47　)と呼ばれる学系が形成された。
❸ (47　)とは，奈良時代以前に伝えられていた(48　)・成実・法相・倶舎の各宗と奈良時代になって唐僧道璿がもたらした(49　)宗，鑑真が伝えた(50　)宗の総称で，いずれも仏教教学の学系であり，1つの寺院にいくつかの宗が併存することもあった。
❹ 唐の高僧鑑真は，来日の試みにたびたび失敗し，失明しながらも6度目にして目的を達成，僧尼が守るべき(51　)を日本に初めて伝えた。僧侶に授戒するための(52　)は，東大寺・下野薬師寺・筑紫観世音寺に設けられた。
❺ 僧尼の民間布教は(53　)によって厳しく制限されていたが，(54　)は，橋や道路の修築などの社会事業を通じて民衆への布教を積極的に進めた。当初，彼は政府の弾圧を受けたが，のちに大僧正となり，聖武天皇発願による(55　)造立に協力した。
❻ 東大寺の大仏は，大仏師国中公麻呂が中心となり10年の歳月を要して完成した。インドのバラモン僧(56　)を導師として行なわれた開眼供養会では，伝統的な歌舞のほかに，高麗楽・渤海楽・唐楽やベトナム僧仏哲が伝えたという(57　)も奏された。
❼ 仏教の広がりにともない，仏教思想にもとづく社会事業がみられるようになった。光明皇太后が(58　)や施薬院を設けて貧窮民の救済にあたり，(59　)が多くの孤児を養育したのもこの例である。
❽ 仏教が政治と深く結び付いたため，太政大臣禅師・法王からさらに皇位をも狙おうとした(60　)のように政治に介入する僧侶もあらわれた。

6 弘仁・貞観文化

1 ── 弘仁・貞観文化

ポイントはこれだ☆ この時期の唐風文化を代表する唐様の書道と漢詩文の発展に注目すること。書道では三筆，漢詩文では勅撰漢詩集に注意。また，大学別曹は創設した貴族名と結び付けておさえておくこと。

弘仁・貞観文化の特色	①儒教的色彩の濃い**唐風文化**⇨しだいに消化され国風化 ②天台宗・真言宗の広まり⇨**密教**の影響 ③貴族中心，**文章経国**の思想の広まり⇨漢文学の発展	
書道	唐風書道の流行⇨**三筆**＝嵯峨天皇・空海・橘逸勢 『**風信帖**』：空海から最澄への書簡＝大師流の書風	 『風信帖』
漢詩文	勅撰漢詩集 　嵯峨天皇『凌雲集』〔小野岑守ら編〕 　　　　　『文華秀麗集』〔藤原冬嗣ら編〕 　淳和天皇『経国集』〔良岑安世ら編〕 『**性霊集**』：空海の漢詩文集〔弟子真済編〕 『文鏡秘府論』：空海の文学論 『菅家文草』：菅原道真の漢詩文集	
史書	国史の編纂⇦漢文・編年体 『続日本紀』（文武〜桓武天皇） 『日本後紀』（桓武〜淳和天皇） 『続日本後紀』（仁明天皇） 『日本文徳天皇実録』（文徳天皇） 『日本三代実録』（清和〜光孝天皇）⇨『日本書紀』と合わせて**六国史** 『類聚国史』　菅原道真が部門別に六国史を編集	
教育	大学⇨紀伝道（かつての文章道，中国の歴史・漢詩文を学ぶ）を重視 　**大学別曹**（有力貴族が設置，子弟の勉学のため） 　　弘文院⇦800年頃：和気氏 　　勧学院⇦821年：藤原氏（藤原冬嗣が設置） 　　学館院⇦844年頃：橘氏 　　奨学院⇦881年：在原氏 　**綜芸種智院**（庶民教育，儒教・仏教・道教中心の教育）⇦828年頃：空海	
その他	儀式：朝廷での礼儀作法やその次第を規定⇨『内裏式』〔藤原冬嗣編〕など 『新撰姓氏録』〔万多親王編〕：畿内在住の氏族の系譜⇨氏姓の乱れを正す 『日本霊異記』〔薬師寺の僧景戒〕：仏教の因果応報談中心の説話集	

2 —— 平安新仏教と密教芸術

最澄と空海の宗教活動を十分に把握しておくこと。最澄・空海以後の密教の展開と他の信仰との融合にも留意する。密教芸術では特異な仏像彫刻の特徴をつかんでおく。

1 天台宗と真言宗

	天台宗	真言宗
開祖	**最澄**(伝教大師)767〜822 785　**比叡山**に草堂を創建(のちの**延暦寺**) 804　入唐，天台山にいたる 805　帰国，翌年天台宗を開く 818　翌年にかけて『**山家学生式**』を定め，大乗戒壇設立を主張	**空海**(弘法大師)774〜835 804　入唐，恵果に真言密教を学ぶ 806　帰国，真言密教を伝える 816　**高野山**に**金剛峰寺**を創建 821　讃岐満濃池を修築 823　嵯峨天皇より**教王護国寺**(東寺)を賜わる
教義	法華経が中心経典 　一切皆成仏(人間の仏性の平等性)を説く	大日経・金剛頂経が中心経典 　**加持祈禱**など密教の呪法による即身成仏を説く(在来仏教＝顕教)
開祖の著書	『**顕戒論**』(820)：大乗戒壇設立に反対する南都諸宗への反論	『**三教指帰**』(797)：儒仏道の３教を比較し仏教の優位を説く 『**十住心論**』(不詳)：真言密教を解説し信仰の立場を明示する
展開	**円仁・円珍**により密教化⇨**台密** 　**山門派**(円仁派，延暦寺) 　**寺門派**(円珍派，園城寺)　に分裂	**東密** 現世利益を求める貴族層の支持を得る

山岳信仰(吉野の大峰山，北陸の白山など)との融合⇨**修験道**
神信仰との融合⇨**神仏習合**(神宮寺・神前読経・僧形八幡神像⇨薬師寺僧形八幡神像)
　　　　　　　↳神社建築(春日造⇨春日大社，流造⇨京都賀茂御祖神社)

2 密教芸術

建築	山中に建立⇨自由な伽藍配置 　**室生寺**金堂・五重塔
彫刻	**一木造・翻波式**の衣文 　神護寺薬師如来像 　**元興寺薬師如来像** 　室生寺金堂釈迦如来像 　室生寺弥勒堂釈迦如来坐像 　**観心寺如意輪観音像**
絵画	**曼荼羅**(密教世界を構図化) 　⇨神護寺両界曼荼羅 　**教王護国寺両界曼荼羅** 不動明王信仰 　⇨園城寺不動明王像(**黄不動**)

室生寺五重塔　　神護寺薬師如来像

6 スピード・チェック
弘仁・貞観文化

1 ── 弘仁・貞観文化

❶ 平安遷都から9世紀末ごろまでの文化は、中国(1　　)の文化の影響を強く受けたもので、宮廷を中心に漢文学が発展し、儒教が重んじられる一方、仏教もさかんであった。この時代の文化を、当時の年号をとって(2　　)と呼ぶ。

❷ 漢詩文の教養が浸透したことを背景に、(3　　)天皇の命を受けた小野岑守らが最初の勅撰漢詩集である『(4　　)』を編纂し、次いで『(5　　)』『(6　　)』が編纂された。それらは、合わせて三大勅撰漢詩集と呼ばれている。

❸ 空海は、『(7　　)』で中国六朝及び唐代の文学評論を行なった。また『(8　　)』は、彼の漢詩文などを弟子真済が編纂したものである。

❹ 書も唐風のものがもてはやされたが、(9　　)天皇・空海・(10　　)はその名手として、のちに(11　　)と呼ばれた。空海が最澄に送った書状は『(12　　)』として知られ、その書風は(13　　)と呼ばれている。

❺ 前代に引き続いて国史の編纂事業が進められ、797年に成立した『(14　　)』以後、『(15　　)』までの5書が編纂された。これらは、『日本書紀』と合わせて(16　　)と称される。

❻ 六国史の内容を、菅原道真が部門別に分類して編纂した史書が『(17　　)』である。

❼ 大学では、官吏登用試験に漢詩文の力が要求されるようになったため、中国の歴史学や漢詩文学を学ぶ(18　　)(かつての文章道)が重んじられるようになった。

❽ 有力な貴族は(19　　)を設け、大学に学ぶ一族の子弟を寄宿させて勉学の便をはかった。和気氏の弘文院、藤原氏の(20　　)、橘氏の(21　　)、在原氏の(22　　)などが知られる。

❾ 空海は、東寺に接して(23　　)を設け、儒教・仏教・道教を中心とする幅広い庶民教育をめざしたが、彼の死後まもなく廃絶した。

❿ 嵯峨天皇の時から、朝廷における各種の礼儀作法が整えられ、その次第などを規定した(24　　)が編纂されるようになった。821年、藤原冬嗣らが撰定した『内裏式』などが知られている。

⓫ 奈良時代後半から乱れが著しくなってきた氏族の秩序を正すことを目的に、万多親王らが、畿内に住む1182の氏族を分類して各氏族の系譜をまとめ『(25　　)』とした。

⓬ 仏教が民間にも広がったことを背景に、平安時代初期には薬師寺の僧景戒によって、各地の仏教説話を集めた『(26　　)』がつくられた。

2 ── 平安新仏教と密教芸術

❶ 唐から帰国した最澄は、(27　　)を伝え、(28　　)を中心経典として人間の仏性の平等を説いた。彼が比叡山に開いた草庵にはじまる(29　　)は、長く仏教学の中心となり、浄土教の源信や鎌倉仏教の開祖たちの多くがここで学んだ。

❷ 最澄は、比叡山における(30　　)の設立を主張し、学生を養成するための法式である『(31　　)』を定め、次いで『(32　　)』を著してこれに反発する南都諸宗に反論した。

❸ 唐から帰国した空海は，(33)を開き，秘密の呪法や加持祈禱によって悟りが開かれ，即身成仏もできると説いた。この教えは(34)と称されたのに対し，従来の南都仏教などは(35)と称されている。
❹ 『(36)』は，空海が入唐以前に著したもので，儒・仏・道の3教を比較して仏教の優位を説いた。また『(37)』は，真言密教を解説したもので，宗教意識の発達過程を10の形式に分け，密教のすぐれていることを示している。
❺ 空海は，高野山に(38)を開いて修行の場とするとともに，嵯峨天皇から賜った京都の(39)を拠点に活動した。
❻ 空海は，貴族たちの帰依を受ける一方，故郷讃岐国の(40)や大和国の益田池を開いて農業開発につとめるなど，様々な社会事業を通じて庶民にも教えを広めようとした。
❼ 密教は，現世利益を求める貴族たちの間に急速に広まった。天台宗も，最澄の死後(41)・円珍が本格的に密教をとり入れたため，真言宗系の(42)に対して(43)と呼ばれるようになった。
❽ (41)と円珍の門流は，仏教解釈をめぐってその後対立するようになり，10世紀以降，延暦寺にある(41)の門流は(44)，延暦寺から独立し(45)に入った円珍の門流は(46)を形成した。
❾ 山中での修行を重視する天台・真言の密教は，古来の山岳信仰と結び付き，中世にさかんとなる(47)の源となった。
❿ 仏教が流布するにつれ，仏教と日本固有の神々に対する信仰とが融合する(48)の動きが進み，神社の境内に(49)と呼ばれる寺院を建てたり，神前で読経することも行なわれた。
⓫ 山岳修行を重んじる密教の寺院は山中に建てられることが多く，伽藍は地形に応じて自由に配置された。女人高野と呼ばれる奈良県(50)の五重塔と金堂は，平安時代初期を代表する遺構である。
⓬ 神仏習合の影響は神社の建築様式にも及び，春日大社に代表される(51)や京都賀茂御祖神社(下鴨神社)に代表される(52)があらわれた。
⓭ 彫刻では，頭部と胴体とを一本の木からつくり出す(53)や，鋭いひだとなだらかなひだを交互に重ねて衣文を表現する(54)の技法が多く用いられた。
⓮ 仏像は，祈禱の対象として数多くつくられたが，量感に満ちた神秘的な表現をもつことを特徴としている。片膝を立てた豊満な肢体に華麗な彩色を残す観心寺(55)，厚みのある大腿部や彫りの深い衣文が印象的な神護寺(56)などは代表的な作品である。
⓯ 神仏習合の影響を受け，これまで偶像として表わされることがなかった神々の像もつくられるようになる。松尾神社の男女一対をなす神像や薬師寺の鎮守休丘八幡宮の(57)などが著名である。
⓰ 絵画では，(58)と呼ばれる園城寺の不動明王像などの仏画のほか，仏の世界を構図化した(59)が多く描かれた。中でも(60)のものは，現存最古とされている。

7 国風文化 I

1 ── 国風文化

国風文化が形成され発展する時期が，摂関政治期と重なっていることに注意する。寝殿造の邸宅や大和絵，書道にみられる日本的な特徴に注目。

国風文化の特色 (藤原文化)	①**日本風**の貴族文化⇨摂関政治の時代が中心 ②**浄土教**信仰の広まり⇨浄土教芸術の発展 ③**かな文字**の発達⇨和歌・国文学の発展	
建築	**寝殿造**(貴族の邸宅，和風建築様式，白木造，檜皮葺) 東三条殿：摂関家の邸宅	
絵画	**大和絵**(日本の風物)⇨襖・屏風・絵巻物)⇦(絵師)**巨勢金岡**	
工芸	**蒔絵**(漆で文様，金銀粉を蒔く)，**螺鈿**(貝をはめ込む)⇨室内調度品	
書道	**和様**(丸みのある優美な字形) **三跡(蹟)** 小野道風⇨『屏風土代』 　　　　　藤原佐理⇨『離洛帖』 　　　　　藤原行成⇨『白氏詩巻』，世尊寺流の祖	
漢詩文	『**本朝文粋**』〔藤原明衡編〕：すぐれた詩文を撰集	
その他	『**和名類聚抄**』〔源順編〕：百科事典的漢和辞書	

『離洛帖』

2 ── 浄土教信仰と浄土教芸術

浄土教の内容，普及の背景と布教のあり方をおさえる。阿弥陀信仰の広がりと関連させて建築や仏像彫刻・仏教絵画の特徴をつかむ。

1 仏教の展開と浄土教

密教	天台宗・真言宗⇨鎮護国家・現世利益のため加持祈禱，一大政治勢力化
浄土教 (背景) (布教) (往生伝)	**阿弥陀如来**への信仰，極楽往生を願う⇦**念仏** **末法思想**：釈迦入滅後，正法⇨像法⇨末法，末法元年＝**永承**7(1052)年 ┌民間へ→**聖**・沙弥などの遊行僧　(10世紀半ば)**空也**＝市聖 └貴族層⇦(10世紀後半)天台僧**源信**(恵心僧都)の『**往生要集**』 『**日本往生極楽記**』〔慶滋保胤〕　『拾遺往生伝』〔三善為康〕
その他	神仏習合⇨**本地垂迹説**：神は仏の仮の姿(天照大神＝大日如来など) 御霊信仰⇨**御霊会**(怨霊や疫病の災厄よけ)：祇園社，北野神社

2 浄土教芸術

建築	阿弥陀堂：阿弥陀如来を安置する堂 **法成寺**(御堂)無量寿院(現存せず)⇔藤原道長 **平等院鳳凰堂**⇔藤原頼通　日野法界寺阿弥陀堂
彫刻	**寄木造**(⇔仏像の大量需要)⇔仏師**定朝**が完成 平等院鳳凰堂阿弥陀如来像(定朝作) 法界寺阿弥陀如来像 浄瑠璃寺阿弥陀如来像
絵画	**来迎図**：阿弥陀如来が臨終の人をむかえに来る図 高野山聖衆来迎図 平等院鳳凰堂扉絵

平等院鳳凰堂阿弥陀如来像

3 ── 貴族と庶民の生活文化

 衣食住をはじめ行事や生活習慣などにも注目する。日記や絵巻物などの資料を理解するためのポイントとなる。

衣服	貴族⇔絹物 (正装)─男性⇒**束帯**(略式＝**衣冠**) 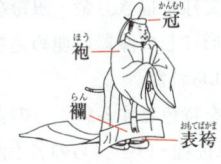 ─女性⇒**女房装束**(十二単) 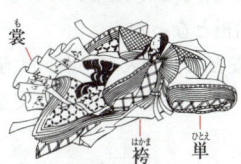 (日常)─男性⇒直衣, 狩衣 ─女性⇒小袿・袴	庶民⇔麻布 ─男性⇒直垂　水干 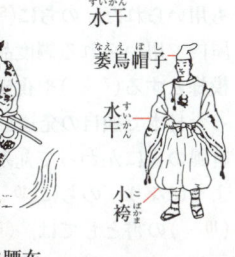 ─女性⇒小袖に腰布
食事	1日2食(朝・夕) 　貴族：強飯と副食 　庶民：米・雑穀の粥, 間食もみられる	**貴族社会の儀式・行事・精神生活** 成人式(10～15歳)：男性⇒**元服** 　　　　　　　　　女性⇒**裳着** 年中行事⇒節会(元日, 白馬, 端午など) 　　　　　祈年祭・大祓・新嘗祭など 儀式書：『西宮記』〔源高明〕 　　　　『北山抄』〔藤原公任〕 日　記：『小右記』〔藤原実資〕 　　　　『御堂関白記』〔藤原道長〕 **物忌・方違**⇔陰陽道(古代中国の陰陽五行説にもとづく)の影響

7 国風文化 I

スピード・チェック

1 ── 国風文化

❶ 10世紀には、それまでの大陸文化の吸収のうえに立って、日本の風土や日本人の人情に適合した日本風の文化が貴族を中心に形成された。これを(1   )といい、摂関政治の時代にその基礎が築かれたため(2   )とも呼ばれている。

❷ 白木造・檜皮葺の(3   )と呼ばれる和風の建築様式が発達し、貴族の住宅とされた。藤原氏嫡流の代々の邸宅である(4   )(図1)は、主人の住む寝殿を中心に対・釣殿などが配され、築山のある池や庭園を備えた当時を代表する建築であった。

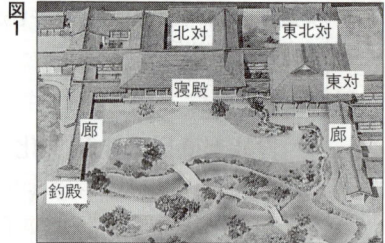
図1

❸ 建築内部の襖や屛風絵には、唐絵にかわって日本の風景や風俗を題材にした(5   )が描かれるようになり、その技法は絵巻物にも用いられた。のちに(5   )の祖と称される(6   )が絵師として知られる。

❹ 屋内で用いられる調度品には、漆器の表面に漆で文様を描き、金・銀粉などを蒔いて模様とする(7   )や夜光貝などを薄く磨き様々な形にして漆器に埋め込む(8   )といった日本で独自の発達をとげた技法が多くとり入れられた。

❺ 唐風の書にかわって丸みのある字形と優美な線とを特色とする(9   )の書が好まれるようになり、のちに(10   )と称される(11   )・藤原佐理・(12   )らの名手があらわれた。

❻ (10   )の書としては、(11   )の『屛風土代』、藤原佐理が大宰大弐に赴任する途中、都の甥に宛てて書いた『(13   )』、(12   )の『白氏詩巻』などが知られる。また(12   )は、江戸時代まで続いた書道の流派である(14   )の始祖となった。

❼ 貴族社会では、いぜんとして漢文学が必須の教養として重んじられ、大学の中心科目ともなっていた。藤原明衡が編んだ『(15   )』は、この時期のすぐれた文をおさめたものである。

❽ 学者・歌人として著名であった(16   )は、漢語で表わされた様々な事物を分類・整理して和訓と解釈を付け、百科事典的な性格をもつ『(17   )』を編纂した。

2 ── 浄土教信仰と浄土教芸術

❶ 天台・真言の2宗は、現世利益を望む貴族の求めに応じて(18   )をさかんに行ない、それを通じて貴族層と強く結び付き、自らも大きな政治勢力となった。

❷ 神仏習合の動きが一層進み、日本の神々は仏の仮の姿(権現)であるとする(19   )が唱えられるようになった。

❸ この世に恨みを残して死んでいったものの霊魂を慰め、怨霊の祟りやそれによって起きる疫病の災いを避けようとする(20   )が、平安京の(21   )や菅原道真を祀る(22   )でさかんに行なわれるようになった。

❹ 阿弥陀如来の救いによって極楽浄土に往生することを願う(23　)は、(24　)・沙弥などと呼ばれた遊行僧たちによって民間に広められた。10世紀半ば、京の市を中心に庶民に念仏の教えを説いた(25　)は、特に(26　)と称された。

❺ 天台宗の僧侶(27　)(恵心僧都)が著した『(28　)』は、念仏による極楽往生の教義を説き、上流貴族層に浄土教が普及するうえで大きな役割を果たした。

❻ 念仏の功徳によって極楽往生をとげたと信じられた人々の伝記を集めたものを(29　)という。985年ごろの成立とみられる(30　)の著した『日本往生極楽記』、三善為康の著した『(31　)』などはその代表的なものである。

❼ 釈迦の死後、正法・像法の時代を経て末法の時代が到来し、乱世になるという(32　)が世情の不安を背景に人々の間に広く流布し、日本では永承7（西暦(33　)）年が末法初年にあたるという説が信じられ、浄土教の普及を刺激した。

❽ 浄土教が広まるにともない、阿弥陀仏を安置する(34　)の建立がさかんになった。藤原道長が建てた(35　)は、現存はしていないが(34　)を中心とした大寺であり、またその子頼通が京都宇治に建てた(36　)は、(34　)の代表的な遺構として知られる。

❾ 仏師(37　)は、仏像の身体をいくつかの部分に分けてつくり、これを寄せ合わせて一体とする(38　)の技法を完成し、仏像の大量需要に応えた。平等院鳳凰堂の阿弥陀如来像は彼の作であり、日野(39　)の阿弥陀如来像も同時期のものである。

❿ 仏画では、阿弥陀仏が極楽浄土から往生しようとする人をむかえに来る様子を描いた(40　)がさかんに描かれたが、中でも(41　)の聖衆来迎図が著名である。

3 ── 貴族と庶民の生活文化

❶ 貴族は衣料として主に絹物を用い、男性は、唐風の装束を改良した(42　)やその略式である(43　)を公用服とし、日常は(44　)や狩衣を身に付けた。女性は、唐衣や裳を付けた(45　)と呼ばれる(46　)を正装とし、日常は(47　)を着て袴を付けた。

❷ 武士や庶民は(48　)を衣料として用い、男性は烏帽子を付けて直垂や(49　)(狩衣が変化したもの)を着用し、女性は袖のつまった(50　)を着た。

❸ 貴族は10～15歳くらいで男性は(51　)、女性は(52　)の儀式を行なって成人としてあつかわれるようになり、男性は官職を得て朝廷に出仕した。

❹ 朝廷では、多くの節会や神事・仏事、農耕儀礼をとり入れた祈年祭・新嘗祭など、毎年決まった時期に決まった儀式が(53　)として行なわれた。

❺ 源高明の『(54　)』や藤原公任の『(55　)』は、朝廷で行なわれる儀式や年中行事の次第をまとめた儀式書の代表的著作で、有職故実の権威書として後代まで重んじられた。

❻ 儀式や行事が重視されたため、貴族たちは、先例や慣習に習熟しようと詳細な日記を付けた。摂関政治期の史料として重要な藤原実資の『(56　)』は、その代表的なものである。また、藤原道長の『(57　)』は、自筆原本が残る最古のものとして知られる。

❼ 貴族の間では、古代中国の陰陽五行説にもとづく(58　)の影響で、占いにより吉凶を判断することが広く行なわれた。彼らの行動はこれに制約されることが多く、特定の建物に引きこもって謹む(59　)や凶の方角を避けて行動する(60　)などが行なわれた。

8 国風文化Ⅱ／院政期の文化

1 ── 国文学の発展

 平がな・片かなの発生の仕方，広がり方の相違に注意する。かな文字の普及と国文学の発展との関連にも留意する。文学作品は，作者名とおおよその内容をつかんでおくこと。

1 かな文字の発達

漢字　⇨万葉仮名┬（草書体を簡略化）⇨ **平がな**：11世紀には字形が固定
（真名）　　　　│　　　　　　　　　　　○当初は主に女性が使用⇨女手
　　　　　　　　│　　　　　　　　　　　○10～11世紀に五十音図・「いろは歌」が成立
　　　　　　　　└（漢字の一部から）⇨ **片かな**：11世紀には字形が固定
　　　　　　　　　　　　　　　　　　　○仏典訓読の際の符号から成立
　　　　　　　　　　　　　　　　　　　○漢文訓読体を含む文章表記に使用

2 国文学

時代	物語文学		日記・随筆
	伝奇物語	歌物語	
10C	『**竹取物語**』 　最古の物語文学 『**宇津保物語**』 　音楽と恋愛譚中心の写実的物語 『**落窪物語**』 　継子いじめの物語	『**伊勢物語**』 　在原業平が主人公 『**大和物語**』 　後半は説話集的性格が強くなる	『**土佐日記**』〔紀貫之〕 　最初のかな日記，女性に仮託してしるす 『**蜻蛉日記**』〔藤原道綱の母〕 　夫兼家との結婚生活を自叙伝風にしるす 『**枕草子**』〔清少納言〕 　宮廷生活や四季の情趣を感性豊かに描写する 『**和泉式部日記**』 　敦道親王との恋愛関係を回想
11C	『**源氏物語**』〔紫式部〕 　光源氏の恋愛，その子薫の悲劇を描く長編小説		『**紫式部日記**』 　宮廷での見聞や人物評などを随筆風にしるす 『**更級日記**』〔菅原孝標女〕 　上総からの帰郷より老境にいたるまでを回想
	紫式部	**清少納言**	
	越前守藤原為時の娘 藤原宣孝と結婚 夫と死別後，一条天皇の中宮彰子（藤原道長の娘）の女房に	歌人清原元輔の娘 橘則光と結婚 一条天皇の皇后定子（藤原道隆の娘）に女房として仕える	

3 詩歌

和歌	六歌仙：在原業平・僧正遍昭・小野小町・僧喜撰・文屋康秀・大友黒主 『古今和歌集』(905)〔紀貫之ら編〕：醍醐天皇の勅⇨最初の勅撰和歌集(約1100首収録＝古今調，以後8回編集された勅撰和歌集が八代集) 序文：真名序〔紀淑望〕，仮名序〔紀貫之〕⇨かな文字の発展
朗詠	『和漢朗詠集』(1013?)〔藤原公任撰〕：朗詠に適した漢詩文・和歌を集成

2 ── 院政期の文化／地方文化の発展

> **ポイントはこれだ☆** 院政期の文化は武士や庶民の成長という社会の変動とかかわらせてとらえる。平泉文化は，世界遺産に登録されていて注目される。

院政期の文化の特色		①武士・庶民の成長 　⇨貴族層が地方(民衆)文化を受容 ②武士の政界進出・浄土教の普及(聖や上人による布教) 　⇨独自の地方文化が発展
歌舞	今様：流行歌謡⇔白拍子が流行させる 猿楽：散楽に由来する雑芸 催馬楽：古代歌謡から発達した舞をともなわない歌謡 『梁塵秘抄』〔後白河法皇撰〕⇨今様・催馬楽を集成 田楽：農耕神事からうまれた庶民芸能⇨1096(永長元)年の大田楽	
文学	説話集	『今昔物語集』：仏教・民間説話の集大成⇔和漢混淆文
	軍記物語	『将門記』：平将門の乱の過程 『陸奥話記』：前九年合戦の経過
	歴史物語	『栄花(華)物語』：藤原道長の栄華を中心に編年体で描く 『大鏡』(『世継物語』)：摂関政治期を客観的に叙述，紀伝体 『今鏡』(1170)：『大鏡』のあと，後一条〜高倉天皇の間の歴史
絵画		絵巻物⇨『源氏物語絵巻』〔藤原隆能筆〕⇔引目鉤鼻・吹抜屋台の手法 　　　　『伴大納言絵巻』〔常盤光長筆〕 　　　　『信貴山縁起絵巻』〔朝護孫子寺蔵〕 　　　　『鳥獣戯画』〔伝鳥羽僧正覚猷筆〕 『扇面古写経』(四天王寺など蔵) 平家納経(厳島神社蔵)
建築彫刻		白水阿弥陀堂(福島県いわき市) 富貴寺大堂(大分県豊後高田市) 三仏寺投入堂(奥院)(鳥取県三朝町) 臼杵磨崖仏(大分県臼杵市) 蓮華王院千手観音像(京都)
平泉文化		中尊寺金色堂⇔藤原清衡 毛越寺浄土庭園⇔藤原基衡 柳之御所遺跡(藤原秀衡の政庁跡)

中尊寺金色堂

8 スピード・チェック
国風文化Ⅱ／院政期の文化

1 ── 国文学の発展

❶ 真名と呼ばれた漢字に対して漢字からうまれた簡便な表音文字を(1　　)と呼んでいる。それらが広く使用されるようになった結果，漢字だけでは十分に表現できなかった日本人特有の感情や感覚を豊かに伝えられるようになり(2　　)が発展した。

❷ 万葉仮名の草書体を簡略化した(3　　)は，9世紀ごろから用いられはじめた。当初は，主に女性が使用したため(4　　)と呼ばれていたが，10〜11世紀には五十音図や七五調四句47文字からなる「(5　　)」が成立したと推定され，字形もほぼ一定した。

❸ 学僧たちが，仏典を訓読する際の利便として漢字の一部をとり表音文字として用いはじめたものが(6　　)で，9世紀ごろからみられる。

❹ かなで書かれた最古の物語文学とされているのが『(7　　)』で，『源氏物語』にも「物語の出来はじめの祖」とあり，その成立は，10世紀初頭とみられている。

❺ (8　　)は，和歌を中心にすえ，その詞書や注によってまとまった物語を構成しているもので，在原業平とみられる貴族の恋愛譚を綴った『(9　　)』(10世紀前半)や後半は説話集的な性格が強くなる『大和物語』(10世紀中ごろ)などが知られる。

❻ 『(10　　)』『(11　　)』は，いずれも10世紀後半に成立した説話物語で，前者は姫君「あて宮」をめぐる恋愛求婚の物語を柱に貴族社会を写実的に描いたもの，後者は継子いじめの物語を中心として教訓的な要素も加味したものである。

❼ (12　　)は，越前守藤原為時の娘としてうまれ，夫と死別後に一条天皇の中宮(13　　)に女房として仕えた。『(14　　)』は，この宮廷生活での体験を下敷きにして綴った長編小説で，国文学中の最高傑作とされている。

❽ 『(15　　)』は，歌人清原元輔の娘で，一条天皇の皇后定子に仕えた(16　　)が，宮廷での生活を随筆風に書き継いだもので，『源氏物語』と並ぶ女流文学の傑作とされる。

❾ かなで書かれた日記の最初は，(17　　)が女性に仮託して書いた『(18　　)』であるが，(19　　)が夫藤原兼家との関係をとおして見すえた身上を綴った『(20　　)』や，上総国から京への紀行文としても著名な『(21　　)』など女性の手になるすぐれた作品もうまれた。

❿ 和歌が漢詩文と並ぶ公的な地位を確立し，905年には，(22　　)の命を受けた紀貫之・紀友則らによって最初の勅撰和歌集である『(23　　)』が編集された。これ以後，鎌倉時代初めまでに8回編集された勅撰和歌集を(24　　)と総称している。

⓫ 『古今和歌集』には，『万葉集』以後の和歌1100首余りが収録されているが，その繊細で技巧的な歌風は(25　　)と呼ばれてのちの和歌の模範となった。また，2つある序文のうち紀貫之が書いた(26　　)は，かな文字の発展に大きく寄与することとなった。

⓬ 和歌の名手としては，『伊勢物語』の主人公とされる(27　　)以下，僧正遍昭・小野小町・僧喜撰ら9世紀後半にあらわれた6人が著名で，彼らは(28　　)と総称された。

⓭ 貴族の間では，漢詩文や和歌に曲節を付けて吟ずることがさかんに行なわれた。藤原公任は，こうした朗詠に適した漢詩や和歌およそ800首を撰して『(29　　)』を編んだ。

2 ── 院政期の文化／地方文化の発展

❶ 民間では，歌舞を芸とする(30   )という遊女を中心に(31   )と呼ばれる歌謡が流行し，中国伝来の散楽に由来するとされる滑稽を主とした(32   )も親しまれた。

❷ (33   )は，自らも学んだ今様や古代の歌謡から発達して貴族たちに愛好された(34   )を集成・分類して『(35   )』を編纂した。

❸ (36   )は，田植えなどの際に行なわれた豊作祈願の神事からうまれた庶民芸能で，貴族の間にも流行し，1096年には京で公卿・院も参加する大田楽が行なわれた。

❹ 源隆国の編という『(37   )』は，インド・中国・日本の説話を集大成したもので，当時の下衆(庶民)や武士の姿が，片かなまじりの(38   )で生き生きと描かれている。

❺ 平将門の乱を叙述した『(39   )』や前九年合戦の経過をしるした『(40   )』は，戦乱を主題とする(41   )の先駆けとなった作品で，ともに日本風の漢文体で書かれている。

❻ 藤原道長の栄華を中心に描いた『(42   )』，摂関政治期を客観的に叙述しようとした『(43   )』は，時代の転換期に遭遇した貴族たちの歴史意識を背景に書かれた歴史物語である。

❼ 『大鏡』とそれに続く時代をあつかった『(44   )』，鎌倉時代以降に著された『水鏡』『増鏡』の4つの歴史書は，合わせて四鏡と呼ばれている。

❽ (45   )は，絵と詞書をおりまぜ，時間の進行に従って物語を展開する独自の絵画様式で，大和絵の手法はこれに用いられることによって発展していった。

❾ 藤原隆能の絵とされる『(46   )』は，物語を素材に，華やかな宮廷生活を描いたもので，人物の顔には引目鉤鼻，室内の情景には(47   )の技法が用いられている。

❿ 炎上する応天門と逃げまどう民衆などを躍動的に描いた『(48   )』，僧命蓮にまつわる霊験を題材とした『(49   )』，動物を擬人化して描き当時の世相を風刺した『(50   )』などの絵巻物には，地方の社会や庶民の様子が生き生きと描かれている。

⓫ 大阪の四天王寺などに所蔵されている『(51   )』は，扇形の料紙に法華経を書写したもので，下絵には，大和絵の手法で貴族や庶民の生活・風俗などが描かれている。

⓬ 浄土教は，聖などと呼ばれた寺院に所属しない民間の布教者によって全国に広がり，地方豪族によって陸奥の(52   )，九州豊後の(53   )など各地に阿弥陀堂が建てられた。

⓭ 奥州藤原氏の根拠地となった(54   )には，当時の京をしのぐ文化が花開いた。中でも藤原清衡の建立した(55   )は，外部を金箔でおおい，内部は螺鈿・蒔絵など技術の粋を尽くして飾った阿弥陀堂で，須弥壇下には藤原氏3代の遺体が安置されている。

⓮ 藤原基衡の建立した(56   )は，現在は浄土庭園を残すだけであるが，かつては中尊寺をしのぐ壮大な寺院であった。

⓯ 鳥取県三朝町にある(57   )奥院は，断崖のくぼみに足場を組んだ懸造の建築物で，堂が断崖の岩窟に投げ入れられたという伝説から投入堂と呼ばれている。

⓰ 大分県(58   )の磨崖仏は，主なものだけでも60体をこえるわが国最大の石仏群で，大部分は平安時代後期の作とされている。

⓱ 平氏によって再興された安芸(広島県)の(59   )には，平清盛らが一門の繁栄を祈願して奉納した華麗な装飾で知られる(60   )が残されている。

9 鎌倉文化Ⅰ

1 ── 鎌倉新仏教の成立と旧仏教の刷新

ポイントはこれだ☆ 武士や庶民など広い階層を対象とした鎌倉仏教諸宗派を開祖・主著・特色・中心寺院にまとめ、これに刺激された旧仏教側の改革もおさえる。

	宗派	開祖	主著	教義・特色など	中心寺院
鎌倉新仏教	浄土宗（じょうどしゅう）	法然〔源空〕 1133〜1212	『選択本願念仏集』	**念仏**（南無阿弥陀仏）を唱える**専修念仏**の教え	知恩院（京都）
	浄土真宗（じょうどしんしゅう）（一向宗）	親鸞〔範宴〕 1173〜1262	『教行信証』 『歎異抄』〔唯円〕	戒律否定・肉食妻帯・**悪人正機**の教えを説く	本願寺（京都）
	時宗（じしゅう）（遊行宗）	一遍〔智真〕 1239〜1289	『一遍上人語録』 （江戸後期に刊行）	諸国を遊行し、街頭で**踊念仏**による布教	清浄光寺（神奈川）
	日蓮宗（にちれんしゅう）（法華宗）	日蓮 1222〜1282	『立正安国論』	**題目**（南無妙法蓮華経）唱和。幕政・他宗批判	久遠寺（山梨）
	臨済宗（りんざいしゅう）＜禅宗＞	栄西 1141〜1215	『興禅護国論』 『喫茶養生記』	不立文字、**坐禅・公案問答**で悟りにいたる	建仁寺（京都）
	＊幕府の保護	①北条時頼が建長寺に蘭溪道隆を招く ②北条時宗が円覚寺に無学祖元を招く			
	曹洞宗（そうとうしゅう）＜禅宗＞	道元 1200〜1253	『正法眼蔵』	坐禅に徹し（**只管打坐**）、世俗的権威を退ける	永平寺（福井）

	宗派	僧侶	特色	寺院
旧仏教	法相宗（ほっそうしゅう）	貞慶〔解脱〕	戒律の復興と専修念仏批判	笠置寺
	華厳宗（けごんしゅう）	明恵〔高弁〕		高山寺
	律宗（りっしゅう）	叡尊〔思円〕	戒律復興	西大寺
		忍性〔良観〕	北山十八間戸	極楽寺

踊念仏（『一遍上人絵伝』）

2 ── 鎌倉時代の学問・思想・文学

ポイントはこれだ☆ 大陸(宋・元)の影響と戦乱の時代，この2点を中心に特色をとらえること。

学問・思想	有職故実	貴族政治への懐古から朝廷の儀式・先例や古典研究が隆盛 ─有職故実：『禁秘抄』〔順徳天皇〕 　　　　　　　『世俗浅深秘抄』〔後鳥羽上皇〕 ─古典注釈：『万葉集註釈』〔仙覚〕 　　　　　　　『釈日本紀』〔卜部兼方〕 　　　　　　　『水原抄』〔源光行・親行〕
	宋学	中巌円月ら禅僧の留学により宋の朱熹が大成した**宋学**(朱子学)が伝来 ＊**大義名分論**(君臣関係の道理)は後醍醐天皇の討幕運動の基礎理論
	神道	**度会家行**が説いた神本仏迹説に立つ神道理論 ＊**『類聚神祇本源』**〔度会家行〕⇒**伊勢神道**(度会神道)
	歴史	公武両方の立場から歴史をしるす 『水鏡』〔中山忠親〕 **『愚管抄』〔慈円〕**…末法思想にもとづく日本最初の歴史哲学書 **『吾妻鏡』**…鎌倉幕府の事績をしるした歴史書。編年体日記体裁 『元亨釈書』〔虎関師錬〕…日本最初の仏教史

金沢文庫…**金沢**(北条)**実時**が武蔵国金沢(現，横浜市内)称名寺に開設した私設図書館

文学	和歌	洗練・技巧的・繊細・哀愁を特徴とする新古今調の歌風 『山家集』〔西行〕，**『新古今和歌集』**〔藤原定家ら〕，『金槐和歌集』〔源実朝〕
	説話	台頭した庶民向けに仏教の教理を説く説話集もつくられる 『十訓抄』，『宇治拾遺物語』，『古今著聞集』〔橘成季〕，『沙石集』〔無住〕
	随筆	時代の転換期の無常と社会・人間を深く洞察する隠者文学 『方丈記』〔鴨長明〕，**『徒然草』〔兼好法師〕**〔吉田〈卜部〉兼好〕
	紀行日記	京都と鎌倉を結ぶ東海道の交通の賑わいを背景とする紀行文の形式 『東関紀行』，『海道記』，**『十六夜日記』**〔阿仏尼〕
	軍記物語	当時の戦乱を題材とし，実在の人物を主人公とする中世文学の中心 『保元物語』，『平治物語』，『源平盛衰記』 **『平家物語』**〔信濃前司行長・生仏〕… **琵琶法師**の語る「**平曲**」が流布

琵琶法師(『慕帰絵詞』)

9 スピード・チェック
鎌倉文化Ⅰ

1── 鎌倉新仏教の成立と旧仏教の刷新

❶ 美作の武士の家にうまれ天台の教義を修めた(1　)は,源平争乱のころ,「南無阿弥陀仏」という(2　)を唱えれば,死後平等に極楽往生できるという(3　)の教えを説き,のちに浄土宗の開祖とあおがれることになった。

❷ 法然の主著を『(4　)』という。京都の(5　)は彼の開いた宗派の中心寺院である。

❸ 貴族の家にうまれた(6　)は師法然の教えを一歩進め,煩悩の深い人間こそが阿弥陀仏の救おうとする相手であるという(7　)の教えを説いた。彼の教えは農民や地方武士の間に広がり,やがて浄土真宗(一向宗)と呼ばれる教団が形成されていった。

❹ 浄土真宗の教典には親鸞が著した『(8　)』がある。また,弟子の唯円が親鸞死後の教えが乱れるのを歎いて正しい親鸞の教えを書きしるしたものが『(9　)』である。

❺ 親鸞の娘が彼の遺骨と木像を安置したことにはじまる京都大谷の浄土真宗の中心寺院が(10　)である。

❻ 伊予の有力武士の家にうまれた(11　)は,善人・悪人や信心の有無にかかわらず,すべての人が救われるという念仏の教えを説いた。彼に従い全国を遊行した人々は時衆と呼ばれた。遊行寺とも呼ばれる相模の(12　)はこの宗派の総本山である。

❼ 一遍のはじめた(13　)は念仏を唱えながら鉦・太鼓に合わせて踊るもので,踊屋をつくって興行する様子が『(14　)』に描かれている。一遍は死の直前に著書を焼きすてたが,江戸後期に彼の法語や消息などを編集した『(15　)』が刊行されている。

❽ 安房の漁村にうまれた(16　)は,「南無妙法蓮華経」という7字の(17　)を唱えることによって救われるという日蓮宗(法華宗)を開いた。

❾ 日蓮は『(18　)』という著書や辻説法で法華高揚,他宗非難を行ない,国難到来を予言したために伊豆・佐渡に流罪となった。佐渡から帰った彼は,甲斐の豪族に請われて身延山に(19　)という中心道場を開いている。

❿ 目を半眼に開き両足を組んで坐り精神を集中する(20　)と公案問答によって自らを鍛練し,釈迦の境地に近付くことを主張する(21　)は,特に関東武士の間に絶大な人気を博した。

⓫ 宋に留学し禅宗をもたらしたのは,のちに臨済宗の開祖とあおがれた(22　)である。彼が旧仏教側の禅宗非難に対し,禅宗の本質を説いた著書が『(23　)』である。

⓬ 栄西は鎌倉幕府の保護を受けて鎌倉に寿福寺を,京都に建仁寺を開いた。のちに来日した南宋の禅僧(24　)は5代執権北条時頼の帰依を受けて鎌倉に建長寺を開き,また(25　)も8代執権時宗に招かれて鎌倉に円覚寺を開いた。

⓭ 世俗的権威を退け,山中にこもりただひたすら坐禅に徹することを(26　)というが,これによって悟りの境地を体得することを説いたのが(27　)であった。彼の宗派を曹洞宗といい,福井に開いた中心道場が(28　)である。彼の著書には『(29　)』がある。

⓮ 新仏教に刺激された旧仏教側では,法相宗の(30　)や華厳宗の(31　)が法然の念仏に

36

反論し，戒律の尊重を説いて南都仏教の復興に力を注いだ。また，律宗では(32　)や忍性(良観)が戒律復興を説く一方，奈良に病人の救済施設(33　)を建てて施療を行なった忍性のように，慈善事業にも尽力している。

2 ── 鎌倉時代の学問・思想・文学

❶ すぎさったよき時代への懐古から，公家の間には古典の研究や朝廷の儀式・先例を研究する(34　)の学がさかんになった。順徳天皇の『(35　)』や後鳥羽上皇の『世俗浅深秘抄』がその代表的なものである。

❷ 鎌倉時代末期には，朱熹が打ち立てた儒学の一派である(36　)が伝えられ，その「大義名分論」は後醍醐天皇を中心とする討幕運動の理論的よりどころとなった。

❸ 『類聚神祇本源』で神主仏従・外宮信仰を主張した伊勢外宮神職(37　)の神道理論は(38　)と呼ばれ，後世の神道に大きな影響を与えた。

❹ 歴史をつらぬく原理をさぐり，道理による歴史解釈を試みた天台座主の(39　)は，承久の乱直前に『愚管抄』を著して，後鳥羽上皇の討幕計画をいさめようとしたといわれる。

❺ 『(40　)』は1180年の源頼政の挙兵以後1266年までの諸事件を日記体でしるした鎌倉幕府の記録で，鎌倉時代の政治史及び武家社会史研究のもっとも重要な史料である。

❻ 臨済宗の学僧(41　)が著した『元亨釈書』は，漢文体のわが国最初の日本仏教史である。

❼ 北条氏一族の(42　)が武蔵国に(43　)を創建して，和漢の書物を集めて学問に励んだことは，内外の文化や学問に対する鎌倉武士の関心の高まりを示すものである。

❽ 俗名を佐藤義清といい，もと北面の武士であった(44　)は，出家後，諸国を遍歴しつつ清新な秀歌を詠んだ。『山家集』は自然と旅を詠んだ彼の歌集である。

❾ 後鳥羽上皇の命で(45　)や藤原家隆が撰者となって編集された8番目の勅撰和歌集が『(46　)』である。その卓越した情趣・技巧，本歌取りなどは新古今調といわれる。

❿ 藤原定家に学び，力強く格調高い万葉調の歌を詠んだ3代将軍源実朝は『(47　)』を残している。

⓫ 仏教や世事に関する説話を集めたものには，平易な文体で仏の功徳を説いた無住の『(48　)』や，奇談を集めた『宇治拾遺物語』がある。古今の説話を収録し，末尾に教訓を添えたものに橘成季の『(49　)』や年少者向けの儒教的な『十訓抄』がある。

⓬ 『方丈記』は，無常を感じて50歳で出家し隠棲した下鴨神社神職の(50　)がその心境を綴った日本の代表的随筆である。また『徒然草』は，動乱期の人間や社会を深く洞察し，簡潔かつ自由な筆で著した(51　)の随筆の傑作である。

⓭ 『(52　)』は阿仏尼が実子と継子との所領争論解決のために，鎌倉におもむいた際の紀行文である。紀行文形式の日記には，このほかに『海道記』や源親行の筆ともいわれる『(53　)』があり，当時の京都～鎌倉間の東海道を知る資料となっている。

⓮ 当時の戦乱を題材に，実在の武士の活躍を活写した(54　)は，後世「語り物」として庶民の間にも愛好された。中でも平氏の興亡を主題とした『(55　)』は最高の傑作とされ，(56　)が「平曲」として語り，文字を読めない人々にも広く親しまれた。

10　鎌倉文化Ⅱ

1── 鎌倉時代の美術工芸

ポイントはこれだ☆　美術工芸品をとおして，新興の武士の文化と大陸(宋・元)伝来の文化が公家の伝統文化に融合した鎌倉文化の新傾向をおさえる。

建築―寺院建築	大仏様	俊乗房**重源**らが宋から輸入した寺院建築様式で**天竺様**ともいう。大陸的な雄大さと豪放な力強さ，変化に富む美しさをもつ
		東大寺南大門…源頼朝の命により重源が陳和卿の協力を得て再建
	禅宗様	宋から輸入された禅寺の建築様式で**唐様**ともいう。細かな材木を組み合わせて整然とした美しさを出す(急勾配の屋根と反りの強い軒が特徴)
		円覚寺舎利殿…大瓶束・花頭窓・桟唐戸が特徴。正福寺地蔵堂
	和様	平安時代以来の寺院建築(ゆるい勾配の屋根と穏やかな反りの軒が特徴)
		蓮華王院本堂(三十三間堂)，石山寺多宝塔，秋篠寺本堂
	折衷様	和様の一部に大仏様や禅宗様を加味した寺院建築で**新和様**ともいう
		観心寺金堂

東大寺南大門 　　　円覚寺舎利殿 　　　三十三間堂

東大寺南大門金剛力士像(吽形) 　　興福寺天灯鬼像 　　興福寺無著像

38

10 鎌倉文化Ⅱ

彫刻	仏像・肖像	奈良時代の様式に宋の様式を加味。剛健な写実性と豊かな人間味が特徴
		作品：**東大寺僧形八幡神像**〔**快慶**〕，**東大寺南門金剛力士像**〔**運慶・湛慶**〕，重源上人像〔運慶派〕，**興福寺無著・世親像**〔運慶ら〕，天灯鬼・竜灯鬼像〔康弁ら〕，六波羅蜜寺**空也上人像**〔**康勝**〕，明月院上杉重房像，高徳院阿弥陀如来像(鎌倉大仏「露坐の大仏」)

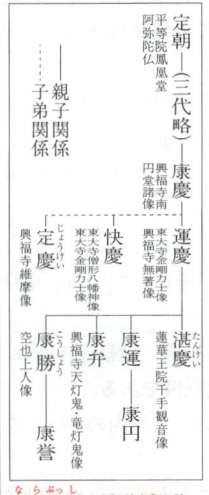

奈良仏師の系譜(慶派)

定朝─(三代略)─康慶─運慶
 平等院鳳凰堂阿弥陀仏　興福寺南円堂諸像　東大寺南大門金剛力士像　興福寺南円堂諸像

運慶─快慶・定慶・湛慶・康弁・康勝・康運・康円・康誉
- 快慶：東大寺僧形八幡神像
- 定慶：興福寺維摩像
- 湛慶：蓮華王院千手観音像
- 康弁：興福寺天灯鬼・竜灯鬼像
- 康勝：空也上人像

子弟関係　親子関係

『春日権現験記』 　『法然上人絵伝』
『蒙古襲来絵巻』 　伝『平重盛像』 

絵画	絵巻物	寺社の縁起や高僧の伝記などの形で民衆の説教にも利用される
		作品：寺社縁起：**北野天神縁起絵巻**〔伝藤原信実〕，**春日権現験記**〔高階隆兼〕，『石山寺縁起絵巻』〔高階隆兼〕，『粉河寺縁起絵巻』
		高僧伝記：**法然上人絵伝**，『法然上人行状絵図』〔土佐吉光ら〕，**一遍上人絵伝**(『一遍聖絵』)〔円伊〕
		仏教説話：『餓鬼草紙』，『地獄草紙』，『病草紙』
		合戦絵巻：『後三年合戦絵巻』，**平治物語絵巻**，**蒙古襲来絵巻**
		武士生活：『男衾三郎絵巻』
	似絵	個人の肖像画を写実的に描く。禅僧の肖像画を**頂相**という
		作品：伝『源頼朝像』伝**平重盛**像〔藤原隆信〕，『後鳥羽上皇像』〔藤原信実〕，『親鸞上人像』(鏡御影)〔専阿弥陀仏〕，『明恵上人樹上坐禅図』〔恵日房成忍〕
書道	青蓮院流	尊円入道親王が和様に宋・元の書風を加味(⇨御家流)
		作品：『鷹巣帖』〔**尊円入道親王**〕…天皇に奉るための習字の手本
工芸	武具	甲冑〔明珍〕，刀剣〔長光・藤四郎吉光・正宗〕
	陶器	瀬戸焼〔加藤景正〕…釉を用いる大陸の製法を導入

10 スピード・チェック
鎌倉文化Ⅱ

1 ── 鎌倉時代の美術工芸

❶ 源頼朝の協力を得、造東大寺大勧進職に任じられ源平の争乱で焼失した東大寺の再建に尽力した留学僧の(1   )は南宋の寺院建築様式を採用した。この建築様式は(2   )と呼ばれる。

❷ 大仏様の代表的建造物には奈良県の(3   )や兵庫県の浄土寺浄土堂があり、挿肘木や通肘木などに豪放かつ変化に富む美しさをもっているのが特徴である。

❸ 重源に従って来日し、戦火で焼け落ちた大仏の首を修復したり、鎌倉に下ったのち源実朝の命で大船を建造した宋の工人が(4   )である。

❹ 鎌倉の(5   )は、宋から輸入され鎌倉時代の禅宗寺院に多く用いられた(6   )という建築様式の代表的遺構で、細かい材木を用いて整然とした美しさを出している。東京都東村山市の正福寺地蔵堂もこの建築様式の重要な遺構である。

❺ 大仏様・禅宗様などの大陸建築様式に対して、(7   )や石山寺多宝塔、秋篠寺本堂は、平安時代以来の日本的なやわらかな美しさをもつ(8   )建築の代表例である。

❻ 和様に大仏様や禅宗様を部分的に加味した建築様式を(9   )といい、河内の(10   )などが代表的建造物である。

❼ 定朝の孫頼助の一門は、興福寺の復興を機に奈良に住んでいたことから、京都仏師に対して(11   )の名がある。

❽ 写実的かつ剛健な手法の鎌倉様式を樹立した(12   )は康慶を父にもつ奈良仏師で、源平の争乱で焼失した東大寺や興福寺の復興に彫刻部門で貢献した。興福寺所蔵の(13   )は法相宗の祖であるインド僧とその弟の肖像彫刻で、彼の代表作である。

❾ 康慶の弟子(14   )は温和な写実派といわれ、「安阿弥様」という気品ある作風で知られる。東大寺の(15   )は重源の命で彼がつくった鎌倉時代の新気風を示す作品である。

❿ 寄木造の傑作といわれる(16   )は、運慶・快慶・定覚・湛慶(運慶の長男)らの合作による阿形・吽形の仁王像で、阿形像は快慶作と伝えられる。

⓫ 運慶の第3子康弁の作といわれる興福寺の(17   )は、堂内の仏前の飾り灯籠としてつくられた木像で、力のこもった写実的な作風で邪鬼の姿をユーモラスに表現している。

⓬ 鎌倉肖像彫刻の代表的木像である京都六波羅蜜寺の(18   )は運慶第4子康勝の傑作で、鹿角の杖をつき念仏を唱えて行脚する姿を写したものである。また、東大寺復興に努力した重源を写実的に表現した(19   )も運慶派の作と推定されている。

⓭ 武人の肖像彫刻として有名なものには、京都六波羅蜜寺の伝平清盛僧形坐像や上杉氏の祖をモデルとした明月院所蔵の(20   )がある。

⓮ 通称鎌倉の大仏と呼ばれる(21   )は奈良の大仏に次ぐ巨大な仏像で、東国の勧進上人浄光が寄付を募り、1252年に金銅仏に改鋳した。大仏殿をともなわない「露坐の大仏」である。

⓯ 寺社の縁起を描いた絵巻物には、菅原道真の生涯と神社の由来を描いた藤原信実筆と

伝えられる鎌倉初期の『(22)』がある。
⓰ 平安末期から鎌倉初期に成立した絵巻物で，粉河寺の本尊の造像の由来と本尊にまつわる霊験話を描いたものが『(23)』である。
⓱ 7巻のうちの前半の3巻を高階隆兼が描いた鎌倉後期の絵巻物に『(24)』がある。隆兼の作品にはこのほかに，藤原光弘の竹林殿造営の建築場面で有名な『(25)』もある。
⓲ 高僧の伝記を描いた絵巻物のうち，浄土宗の開祖の生涯を土佐吉光らが描いた全48巻からなる『(26)』は現存絵巻で最大のものである。時宗の祖の伝道の生涯を描いた円伊の『(27)』には，日本各地の自然や庶民の生活の様子が正確に描かれている。
⓳ 仏教の経典に説かれた地獄の場面を絵にして説明を付けた絵巻物に『(28)』があり，国宝に指定されている。これは前世の業によっておもむくとされる地獄・餓鬼・畜生・修羅・人間・天の六道を描いた『六道絵巻』とともに代表的な仏教絵巻の1つである。
⓴ 平安末期から鎌倉初期の絵巻物で各種の奇病や身体の異常に関する記述・説話を集めたのが『病草紙』で，前世の悪業の報いで救われない餓鬼の苦しみを描いた鎌倉初期の絵巻物が『(29)』である。
㉑ 合戦を描いた絵巻物には，源義家が飛雁の列の乱れで敵の伏兵を知る話で有名な『(30)』がある。また，平治の乱を題材とした『(31)』や，蒙古襲来(元寇)に奮戦した肥後の御家人竹崎季長の武功を子孫に伝えるために描かせた『(32)』がある。
㉒ 地方武士の生活を描いたものには，武蔵国の武家の兄弟の物語で，特に笠懸の訓練の様子を伝えるものとしてよく知られている『(33)』がある。
㉓ 鎌倉時代に発達した大和絵の肖像画を(34)といい，実際の人物を写実的に写し，その個性までも表現している。
㉔ 似絵の画家として知られる(35)は歌人藤原定家の異父兄で，作品には平清盛の長男を描いたとされる伝『(36)』や，伝『源頼朝像』がある。その子(37)は父とともに似絵の大家として聞こえ，『後鳥羽上皇像』などの作品を残している。
㉕ 藤原信実の子専阿弥陀仏の写生した『親鸞上人像』は親鸞在世中の肖像画で，(38)の別名をもつ。
㉖ 禅宗で，修行僧が一人前になった時に師が自ら肖像画に自賛を書いて与えたものを(39)という。恵日房成忍の作といわれる高弁の修禅を伝えた『(40)』はその代表作である。
㉗ 平安時代以来の和様をもとに，宋・元の書風を加味して(41)を創始した尊円入道親王が，後光厳天皇に奉るために書いた習字の手本が『(42)』である。この流派はのちに書道の主流となり，江戸時代の「御家流」に発展した。
㉘ 鎌倉時代以来の京都の甲冑製作家の家名で，近衛天皇より家祖紀宗介が授けられた号を(43)という。しかし，学問的に何ら確証がないとされている。
㉙ 刀剣の製作では，京都の(44)が鎌倉の(45)とともに鎌倉後期の名刀鍛冶の双璧とうたわれた。また，(46)は備前物の名声を高めた刀工であるといわれる。
㉚ 道元とともに入宋した加藤景正(藤四郎)は，釉を用いる中国の陶器製法を伝え，尾張に窯を開いて(47)の開祖となったとされている。

11 南北朝文化／北山文化

1 ── 南北朝時代の文化

ポイントはこれだ☆ 南北朝動乱の時代を背景として発達した歴史書や軍記物語を中心とする学問・思想，文芸をおさえる。

学問・思想	有職故実	『職原抄』〔北畠親房〕，『建武年中行事』〔後醍醐天皇〕
	歴史書	『増鏡』…源平争乱の歴史を南朝側の公家の立場から記述 『神皇正統記』〔北畠親房〕…南朝の皇位継承の道理を主張 『梅松論』…足利氏による政権獲得過程を武家の立場から記述
文芸	軍記物語	『太平記』…後醍醐天皇の討幕計画から南北朝動乱までを和漢混淆文で描く⇒「太平記読み」によって普及 『難太平記』〔今川了俊〕…足利尊氏挙兵以来の今川家の事績 『曽我物語』…曽我兄弟の仇討ち物語（口承伝説⇒書物）
	和歌	『新葉和歌集』〔宗良親王〕
	連歌	「二条河原落書」 『菟玖波集』〔二条良基〕 　…最初の連歌集で準勅撰となる 　⇒連歌の流行 『応安新式（連歌新式）』〔二条良基〕 　…連歌の規則を集大成

歌会（『慕帰絵詞』）

2 ── 北山文化

ポイントはこれだ☆ 3代将軍足利義満の時代に開花した武家文化が，公家文化を基礎に，宋・元・明の禅宗文化の影響を受けて成立したことをおさえる。

宗教	禅宗	足利尊氏が臨済宗の**夢窓疎石**に帰依 足利義満が南宋の官寺の制にならい**五山・十刹の制**を確立 　──僧録制度の確立（初代僧録司：春屋妙葩） 　┬〈京都五山〉南禅寺（五山の上）：天竜寺・相国寺・建仁寺・東福寺・万寿寺 　├〈鎌倉五山〉建長寺・円覚寺・寿福寺・浄智寺・浄妙寺 　└〈十　刹〉等持寺・臨川寺・聖福寺・安国寺・宝幢寺・禅興寺・真如寺・広覚寺・妙覚寺・普門寺
学問	五山文学	五山派の**絶海中津**（相国寺）・**義堂周信**（南禅寺）の活躍 　──**五山版**（五山・十刹の経典や漢詩集の木版印刷）の出版

11 南北朝文化／北山文化

芸能他	能(能楽)	大和猿楽四座(本所：興福寺—金春・金剛・観世・宝生座)成立 観世座の**観阿弥・世阿弥**(著書：『**風姿花伝(花伝書)**』)が猿楽能を完成 ——謡曲(能の脚本)の執筆
	茶の湯	闘茶・茶寄合
	生花	立花〔立阿弥〕

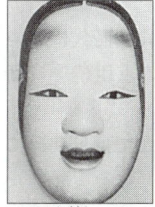

能面「小面」 　狂言面「小武悪」 　観世能図(『洛中洛外図屛風』)

建築	寝殿造＋禅宗様：**鹿苑寺金閣** 禅宗様：安楽寺八角三重塔 　　　　永保寺開山堂 和　様：興福寺五重塔
庭園	鹿苑寺庭園 天竜寺庭園〔夢窓疎石〕 **西芳寺**(苔寺)**庭園**〔夢窓疎石〕 　…枯山水と池泉回遊式
絵画—水墨画	宋・元画の輸入⇨禅僧による宗教画(禅機画)から山水画へ 　『五百羅漢図』〔**明兆**・東福寺〕 　『**瓢鮎図**』(妙心寺退蔵院蔵) 　〔**如拙**・相国寺〕 　『寒山拾得図』〔**周文**・相国寺〕

鹿苑寺金閣 　西芳寺庭園

『瓢鮎図』 　『寒山拾得図』

43

11 スピード・チェック
南北朝文化／北山文化

1 ── 南北朝時代の文化

❶ 公家の学問・思想では有職故実が主流であったが、後醍醐天皇は故事・典礼・年中行事を国文体で記述した『(1　)』を著し、朝儀復興を念願した。

❷ 南北朝の動乱期に、南朝に同情的な貴族によって書かれた『(2　)』は鎌倉時代についての編年体の歴史書である。また、『職原抄』の著者でもある南朝の重臣(3　)は『(4　)』を著し、皇位継承の道理によって、南朝の正統を主張した。

❸ 足利尊氏の幕府創立を中心にした南北朝時代の戦記が『(5　)』で、そこでは足利氏による政権獲得過程が武家の立場からしるされている。

❹ 『(6　)』は、後醍醐天皇の討幕計画以後の南北朝動乱についての軍記物語で、動乱期の戦乱と社会的変革を活写している。これは、節付けされ「(7　)」と呼ばれる物語り僧によって、室町時代以降に民間に広められた。

❺ 有力守護の今川了俊が、足利尊氏挙兵以来の今川氏の事績を述べ、『太平記』の記述の誤りを訂正したのが『(8　)』である。

❻ 口承伝説として民衆に共感された武家の兄弟の仇討ち物語が、室町時代の初期に書物として成立したのが『(9　)』である。また、源義経の幼少期と末期の不遇な時代を同情的に描き、民衆的義経伝説のもととなったのが『義経記（ぎけいき）』である。

❼ 後醍醐天皇の皇子宗良親王の撰になる『(10　)』には、南朝の天皇・朝臣の悲境下の感慨に満ちた歌が集められている。親王自身の歌集には『李花集（りかしゅう）』がある。

❽ (11　)は和歌を上の句と下の句に分け、一座の人々がつぎつぎに連作して五十句・百句にまとめた共同作品で、室町時代に大成された。

❾ 準勅撰とされた『(12　)』は、北朝側の摂関・太政大臣を務めた(13　)が撰集した最初の連歌集である。また、『応安新式(連歌新式)』は彼が連歌の規則を集大成したものである。

❿ 本願寺第3世覚如の一代を描いた『(14　)』は南北朝時代の絵巻物で、土佐派の画風とともに歌会や琵琶法師の風体など、当時の生活・文化活動を知る重要な資料である。

2 ── 北山文化

❶ 室町幕府の3代将軍(15　)は、京都の北山に山荘を構えたが、そこにいとなまれた壮麗な(16　)の建築様式は、15世紀初頭の文化の特徴をよく表わしているところから、この文化を(17　)と呼んでいる。

❷ 鎌倉時代を通じて武家社会の上層に浸透した臨済宗は、(18　)が足利尊氏の厚い帰依を受け、幕府の保護のもとで大いに栄えた。彼が開山した(19　)は庭園でも有名な京都五山第1位の寺院で、門下からは傑僧が多く輩出している。

❸ 3代将軍義満は南宋の(20　)にならって、京都と鎌倉に(21　)を整え、これに次ぐ10寺を組織して(22　)とした。そして僧録をおいてこれらを管理し、住職を任命した。

❹ (23　)を五山の上におき，京都五山に天竜・相国・建仁・東福・万寿寺の臨済宗5大寺が，鎌倉五山に(24　)・円覚・寿福・浄智・浄妙寺の5大寺が定められた。これら五山の禅僧による中国の影響が強い文化は，武家文化にも大きな影響を与えた。

❺ 五山の禅僧による宋学の研究や漢詩文の創作は(25　)と呼ばれ，この時代の学問の中心となった。夢窓疎石に師事し将軍義満に重用された南禅寺の(26　)や相国寺の(27　)らは，(28　)という禅の経典・漢詩文集を出版するなど，その最盛期を築いた。

❻ 社寺の祭礼で行なわれていた猿楽に民間の田楽をとり入れ，宗教的芸能から庶民的な舞台芸術に発展したのが(29　)である。このころ寺社の保護を受け，座を結成した芸能集団のうち，興福寺を本所とした観世・宝生・金春・金剛座は(30　)と呼ばれた。

❼ 観世座に出た(31　)・(32　)父子は，将軍義満の保護を受け，物真似をもとに田楽や曲舞などの歌舞的要素をとり入れて幽玄で芸術性の高い(33　)を完成した。

❽ 観阿弥・世阿弥(元清)父子は能の脚本である(34　)を多く書き，世阿弥は『(35　)』という能の真髄を述べた理論書を残している。また，世阿弥が談話した能楽の具体的芸道論を子の元能が筆録したものを『申楽談儀』という。

❾ 会衆が幾種類かの茶を飲み，その産地を味別する競技を(36　)という。また，多人数で茶の会合をもち，自由な酒食をともなう娯楽的な茶会を(37　)といい，南北朝から室町期に武家や庶民の間で流行した。

❿ 仏前に花を供える供花から，花を立ててその美を競う(38　)が発展した。これは茶の湯の流行とともに簡素な投げ入れの方法を用いる生花に移り，やがて花道が大成されることになった。

⓫ 将軍義満の京都北山第は彼の死後(39　)となった。舎利殿として建てられた邸内の3層の楼閣は，初層の阿弥陀堂に(40　)風の建築様式を，第3層の仏殿に(41　)の建築様式を用いた構造になっている。この楼閣の2・3層には金箔が施されていることから「金閣」と通称されている。

⓬ 寺院建築においては，禅宗様が著しい発展を示している。信濃の安楽寺八角三重塔はこの時期の禅宗様の代表的建築物である。また，伝統的な和様建築はいぜんとして奈良の地で保たれており，(42　)にその姿をみることができる。

⓭ 禅宗寺院の建築と関連して，建築物に調和した庭園がつくられた。(43　)は砂と石で水を用いずに山水自然の生命を表現した作庭様式である。

⓮ 代表的な枯山水の庭園には，「苔寺」の俗称で知られる(44　)庭園がある。夢窓疎石は池・滝・石組により構成した天竜寺庭園を作庭したが，同じく疎石の手になるこの庭園の石組構成は，ほかの庭園の模範となった。

⓯ (45　)は，墨の濃淡・強弱によって描かれた東洋独特の絵画で，禅僧により宋・元より伝えられた。そして，禅の公案を題材とした禅機画(禅の悟りを開く機縁を描いた絵)から，しだいに風景を描いた(46　)へと発展していった。

⓰ 室町初期の水墨画家には，『五百羅漢図』を描いた東福寺の画僧(47　)，山水画の構成をもつ禅機画として有名な『瓢鮎図』を描いた相国寺の(48　)や，彼のあとを受けて水墨画を発展させた『寒山拾得図』の作者(49　)が知られている。

12 東山文化

1── 東山文化

ポイントはこれだ☆ 8代将軍足利義政の時代には、公家・武家・禅宗文化が融合し、幽玄・枯淡・閑寂の境地に達したこと。また、応仁の乱以後、文化の地方普及と民衆化が進んだことをおさえる。

宗教	禅宗	┌五山派：保護者であった幕府の衰退とともに低調となる └林下：民間布教につとめた禅宗諸派が地方武士・民衆から支持される 　┌臨済系…大徳寺〔**一休宗純**〕・妙心寺 　└曹洞系…永平寺・総持寺
	浄土真宗 (一向宗)	本願寺派8世法主**蓮如**の「**御文**」⇨**講**の組織・門徒の拡大(越前吉崎道場・摂津石山本願寺)⇨**一向一揆**(1488年、**加賀の一向一揆**)
	日蓮宗 (法華宗)	**日親**の布教⇨**法華一揆**(1536年、**天文法華の乱**：京都)
	唯一神道	**吉田兼倶**の反本地垂迹説(神道を中心に儒仏2道を統合)
学問	五山文学	『東遊集』〔横川景三〕、『梅花無尽蔵』〔万里集九〕
	有職故実	『**公事根源**』〔**一条兼良**〕…朝廷の年中行事の起源や変遷
	古典研究	『花鳥余情』〔一条兼良〕…『源氏物語』の注釈書
	政治	『**樵談治要**』〔一条兼良〕…9代将軍義尚の問に答えた政治意見書
	歴史	『**善隣国宝記**』〔瑞溪周鳳〕…日本最初の外交史
	地方への文化の普及	薩摩：**桂庵玄樹**(『大学章句』)⇨薩南学派) 土佐：南村梅軒(南学)? 下野：**上杉憲実**が再興した**足利学校**(⇨「坂東の大学」) 教科書『庭訓往来』、辞書『節用集』の編纂
庶民文芸	民間芸能	能・**狂言**(猿楽・田楽から発達した風刺性の強い喜劇)の民衆化 幸若舞・古浄瑠璃・**盆踊り**(風流踊りと念仏踊りが結合)の流行 **小歌**〔**閑吟集**〕…小歌・宴曲・童謡などを集録)の流行
	連歌	**宗祇**ら**連歌**師の遍歴で地方の武士や民衆の間で流行 ┌正風連歌：『**新撰菟玖波集**』〔宗祇〕…準勅撰の約2000句の連歌集 │　『水無瀬三吟百韻』〔宗祇・肖柏・宗長〕…水無瀬離宮で宗祇師弟が詠んだ連歌百句 └俳諧連歌：『**犬筑波集**』〔宗鑑〕…自由で滑稽な庶民的な連歌集
	和歌	東常縁・宗祇により**古今伝授**(『古今和歌集』の解釈などの秘事口伝)が整備

12 東山文化

・その他	御伽草子	庶民を対象とした，読んで，話して，絵を楽しむ通俗的な短編小説
		┌武家物：『酒呑童子』『御曹子嶋渡り』 ├僧侶物：『三人法師』『高野物語』 ├庶民物：『文正草子』『物くさ太郎』 │　　　　『**一寸法師**』『浦島太郎』 └異類物：『さるかに合戦』『鼠の草子』 　　　　　『十二類絵巻』
茶　道		**侘茶**(⇔闘茶・茶寄合)の成立〔**村田珠光**⇨**武野紹鷗**⇨**千利休**〕
花　道		池坊花道(⇔立花⇔供花)の成立〔池坊専慶⇨専応⇨専好〕

御伽草子『物くさ太郎』

建築		書院造風＋禅宗様：**慈照寺銀閣** 書院造：**慈照寺東求堂同仁斎**
庭園	枯山水	善阿弥ら山水河原者の活躍 **竜安寺庭園**(石庭) **大徳寺大仙院庭園**
絵画	水墨画	**雪舟**が日本的な水墨画様式 を大成 『**四季山水図巻**』(『**山水長巻**』) 『**秋冬山水図**』〔雪舟〕
	大和絵	**土佐派**(土佐光信)と**狩野派** (狩野正信・元信)の確立 『**周茂叔愛蓮図**』〔狩野正信〕 『**大仙院花鳥図**』〔伝狩野元信〕
工芸		金工：後藤祐乗 能面の制作

慈照寺銀閣 　　　東求堂同仁斎

竜安寺石庭 　　　大徳寺大仙院庭園

『四季山水図巻(山水長巻)』「春」(左)と「秋」(右)

『大仙院花鳥図』

12 スピード・チェック
東山文化

1 ── 東山文化

❶ 応仁の乱を避けて趣味的生活をいとなむ8代将軍(1　　)を中心に、禅宗や大陸文化の影響を受けた幽玄・枯淡の芸術が開花した。この15世紀後半の文化は、彼が建てた慈照寺(2　　)に象徴されるところから(3　　)と呼ばれている。

❷ 禅宗では、幕府の保護を受けていた五山派に対し、(4　　)と呼ばれた禅宗諸派が地方武士や民衆の支持を受けて各地に広がった。臨済宗では、大徳寺派の(5　　)が出て貴族的・出家的・禁欲的な禅に対し、庶民的・在家的な禅を説いて人気があった。

❸ 浄土真宗(一向宗)は、応仁の乱のころ、本願寺派第8世(6　　)が「御文」と呼ばれる平易な文章などによって農民や商人、手工業者に信者を拡大していった。その結果、各地に(7　　)という信者(門徒)の寄合が結成され、信仰が深められた。

❹ 本願寺派の勢力は、越前吉崎道場や摂津(8　　)を中心に北陸・東海・近畿地方で強大化し、門徒集団の一揆は大名権力としばしば衝突した。その代表的な事件が守護富樫氏を破り、以後約1世紀にわたって自治支配を展開した(9　　)である。

❺ 東国から京都へ進出した日蓮宗(法華宗)は、(10　　)が中国・九州地方にさらに宗勢をのばしていった。京都の日蓮宗の信者は(11　　)を結成して一向一揆と対決したが、1536年に延暦寺と衝突し一時京都を追われた。この戦いを(12　　)という。

❻ (13　　)は、京都吉田神社神職(14　　)が大成した神道教説で、反本地垂迹説にもとづき本地で唯一なるものを神とし、儒教・仏教をもとり入れて統合したものである。

❼ 太政大臣・関白にまで昇進した室町時代随一の学者とされる(15　　)は、朝廷の年中行事の起源や変遷を述べた『(16　　)』や、『(17　　)』という9代将軍義尚の問に答えた政治上の意見書、『源氏物語』の注釈書である『花鳥余情』などを残している。

❽ 室町時代には、民衆の地位の向上によって武士や公家だけではなく、民衆が参加し楽しむ文化がうまれた。能の合間に演じられる(18　　)は、猿楽や田楽のもつ物真似などを受け継ぎ、風刺性の強い喜劇として特に民衆にもてはやされた。

❾ (19　　)は越前国幸若大夫一派の舞で、牛若丸と浄瑠璃姫との恋物語からその名ができたという(20　　)や俚謡・流行歌などの小歌とともに庶民の間で流行した芸能である。小歌の歌集として編集された『(21　　)』は、当時の庶民生活を知る好資料である。

❿ 華やかに仮装したり異様な風体で踊る都市や農村で行なわれていた(22　　)と念仏・和讃を唱えて踊る(23　　)とが結び付いて、しだいに定着した民衆芸能が(24　　)である。

⓫ 応仁のころに出た(25　　)は、娯楽的・庶民的に発達した連歌を深みのある芸術的なものにまで高めて、(26　　)を確立した。彼が編集した『(27　　)』は、勅撰に準じられた連歌集である。また、2人の弟子と、後鳥羽上皇を祀る摂津の水無瀬宮で詠んだ連歌百句は、『水無瀬三吟百韻』と呼ばれている。

⓬ 連歌から俳諧への推進者である(28　　)は、自由な庶民的精神を根本とする『(29　　)』を編集して、(30　　)の祖とあおがれた。

⑬ 和歌の世界では，二条・京極・冷泉の3家に分かれて対立したが，二条派歌人の東常縁は，『古今和歌集』の故実・語釈などの秘伝を弟子に授ける(31　)をはじめた。これは常縁から宗祇を経て近世に及んだ。

⑭ 室町時代に大いに流行した短編物語に(32　)がある。内容は武家物・僧侶物・庶民物・異類物など多種多様で，全般に仏教思想の影響が強い。

⑮ (32　)のうち，『一寸法師』や『浦島太郎』などは今日も親しまれているが，落とした餅を拾おうともしない不精者が都に出て急に誠実な男になり出世する『(33　)』の話は，機会をつかんでのし上がろうとするこの時代の人々の気持ちをよく伝えている。

⑯ 豪華な書院の茶に対し，簡素な草庵・小座敷と道具立てで茶の精神的深さを味わうものを(34　)といい，これは一休宗純から禅の精神を学んだ(35　)によってはじめられ，やがて堺の(36　)を経たのち，千利休によって完成された。

⑰ 京都池坊六角堂の僧侶であった(37　)は，生花を芸術的に高め池坊花道の祖となった。池坊流は戦国時代の池坊専応，江戸初期の専好によって発展した。

⑱ (38　)は室町時代に成立した住宅建築様式で，寝殿造を母体とし，押板・棚・付書院という座敷飾をもち，襖などで数室に間仕切りした部屋に，畳を敷いて明障子を用いるなどの特徴がみられる。将軍義政が東山山荘内にいとなんだ書斎・茶室の(39　)は，その代表的な建造物である。

⑲ 将軍義政が義満の北山山荘にならって造営した東山山荘は彼の死後(40　)となった。銀箔を貼る計画があったといわれるところから「銀閣」と呼ばれる。その観音堂は，上層に(41　)を，下層に(42　)風の建築様式を用いた構造になっている。

⑳ 狭い長方形の平庭に白砂と「虎の子渡し」と呼ばれる15個の石を配置した(43　)や大徳寺(44　)は，枯山水の作庭様式を用いた名園である。

㉑ 日本の水墨山水画を完成した相国寺の画僧(45　)には，『秋冬山水図』や『(46　)』がある。

㉒ 大和絵では，水墨画の技法をとり入れて公武両階級に好まれた(47　)が土佐派の基礎を固め，幕府御用絵師の(48　)と『大仙院花鳥図』の作者と伝えられるその子(49　)は，狩野派の画風を確立した。

㉓ 彫金家の(50　)は将軍義政に仕え，刀剣の目貫や小柄などの彫刻に手腕を発揮し，代々金工の宗家となった。

㉔ 肥後の菊池氏や薩摩の島津氏に招かれて儒学を講義した(51　)は，『大学章句』を刊行し(52　)のもとを開いた。また，土佐でも(53　)が朱子学を講じて(54　)の祖となったとされるが確証はない。

㉕ 関東管領(55　)によって再興され，戦国時代には「坂東の大学」と呼ばれた下野の(56　)や各地の寺院では，地方武士の子弟の教育が行なわれた。教科書には『貞永式目』や書簡形式で武士の心得や知識を網羅した『(57　)』などがつかわれた。

㉖ 都市の有力な商人の間でも読み・書き・計算の必要から，『(58　)』という日常語句を類別した辞書を刊行するものがあらわれた。

13 近世初期の文化

1 ── 桃山文化

ポイントはこれだ☆ 城郭建築の特色をとらえるとともに、障壁画に注目する。町衆の生活文化や庶民にまで広まった南蛮文化にも注目する。

1 桃山美術

時代	安土・桃山時代＝織田信長と豊臣秀吉の時代＝16世紀後半 桃山文化＝安土・桃山時代の文化　　桃山＝秀吉晩年の伏見城の跡地
特色	①新興の大名や富裕な豪商(**町衆**ら)が担い手で、豪華・壮大 ②仏教色が薄く、世俗的・現実肯定的 ③琉球・朝鮮の文化や南蛮文化の影響
建築	**安土城・大坂城・伏見城・聚楽第** 松本城天守閣・二条城二の丸御殿 城　平城 郭　平山城　濠・土塁・郭 　　　　　　天守閣⇒軍事・政庁的性格 　　　　　　書院造⇒居館的性格 　　　内　部──濃絵の豪華な障壁画(障屏画) 　　　　　　　欄間彫刻(透し彫) 　　　遺　構──伝聚楽第遺構＝大徳寺唐門・西本願寺飛雲閣 　　　　　　　伏見城遺構＝**都久夫須麻神社本殿**・西本願寺唐門 書院造──醍醐寺三宝院表書院・西本願寺書院(鴻の間) 茶　室──伝千利休＝妙喜庵茶室(待庵)
障壁画(障屏画)	狩野派　狩野永徳　『洛中洛外図屏風』『檜図屏風』 　　　　狩野山楽　『松鷹図』『牡丹図』 　　　　狩野長信　『花下遊楽図屏風』 　　　　狩野秀頼　『高雄観楓図屏風』 　　　　狩野吉信　『職人尽図屏風』 長谷川等伯　『松林図屏風』 長谷川久蔵　『智積院襖絵』(桜図) 海北友松　『山水図屏風』
工芸	漆器──高台寺蒔絵 染織──西陣織の創始 活字印刷術〈朝鮮伝来〉──**慶長勅版**＝慶長年間、後陽成天皇の勅命

姫路城(白鷺城)

『唐獅子図屏風』(狩野永徳)

2 芸能

	都市(京・大坂・堺・博多)で活動する町衆や新興武将の間で大流行
茶道	堺の**千利休**(宗易)──**侘茶**=簡素・閑寂=茶道の確立 　　　　　　　　└1587　秀吉と**北野大茶湯** 　　　　　　　　　　　(ほかに今井宗久・津田宗及) 織田有楽斎(信長の弟, 長益)──如庵(暦張り) 古田織部──利休の高弟──武家的茶道成立 小堀遠州──江戸幕府作事奉行, 将軍の茶の湯師範 ※花道や香道も発達
演芸	**阿国歌舞伎**(出雲阿国が創始)──かぶき踊りから女歌舞伎へ──┐ **人形浄瑠璃**──浄瑠璃節と操り人形◀──────────────┤三味線 **隆達節**──堺の商人高三隆達による小歌の節付け　　　　　　│の伴奏
生活文化	上層の礼服　女性=打掛を肩ぬぎし腰巻とする 　　　　　　男性=肩衣・袴(裃) 庶民の服　**小袖**の着流し 1日3回の食事, 京都では瓦屋根の二階建て出現

妙喜庵茶室
(待庵)

女性の礼装

3 南蛮文化

南蛮屏風

特色	①スペイン・ポルトガル風俗の広まり ②南蛮寺(教会堂)の建築		
教育・学問	初等・中等=セミナリオ 宣教師養成=コレジオ 実用的学問 ┌天文・地理・暦学 　　　　　　└医学・絵画	活字印刷術	ヴァリニャーニ ⇨ 活字印刷術 **キリシタン版(天草版)** 　天草版『平家物語』 　『日葡辞書』

2 ── 寛永期の文化

ポイントはこれだ☆ 本阿弥光悦や俵屋宗達らの京都の豪商が, 桃山文化と公家文化の伝統のうえに新しい芸術を築いたことに注目する。

特色	①17世紀前半(3代将軍家光のころまで)の文化 ②華麗な桃山文化を継承
建築	**権現造**…日光東照宮⇦霊廟建築の流行 **数寄屋造**…**桂離宮**⇦八条宮智仁親王=桂宮, 修学院離宮⇦後水尾天皇 黄檗宗寺院…万福寺, 崇福寺
美術工芸	**狩野探幽**(狩野派)…幕府の御用絵師 **俵屋宗達**…装飾画に新様式 **本阿弥光悦**…鷹ヶ峰に芸術村, 書・蒔絵・楽焼 陶器…薩摩焼・萩焼・平戸焼・高取焼 磁器…有田焼:**酒井田柿右衛門**⇨**赤絵**

13 近世初期の文化

スピード・チェック

1 ── 桃山文化

❶ 安土桃山時代を象徴する文化遺産として，大名の富と権力で築かれた(1   )がある。これは，(2   )にみられる軍事・政庁的性格と(3   )にみられる居館的性格を合わせもった壮大なものであった。

❷ 中世の城は天然の要害を利用した山城だったが，安土桃山時代になると，鉄砲の伝来による戦闘法の変化と領国支配のために(4   )が発達した。

❸ 池田輝政の居城として慶長年間に築城された(5   )は，播磨平野の丘陵上にある代表的(6   )で，連立式天守閣の遺構である。

❹ 城郭建築の内部を飾った(7   )には，金地にあでやかな濃い色彩で描かれた(8   )と水墨画がある。

❺ 秀吉が内裏跡に建築し，1588年に後陽成天皇の行幸をあおいだ城郭風邸宅である(9   )の遺構と伝えられるものには西本願寺の(10   )や大徳寺の唐門がある。

❻ 桃山の名のおこりは，(11   )の跡に桃が植えられたことによるが，この城の遺構としては琵琶湖の竹生島にある(12   )と西本願寺書院が知られる。

❼ 濃絵の画家として当時第一人者であったのは(13   )で，京都内外の名所や庶民生活を描いた『(14   )』や雌雄一対の獅子を描いた『(15   )』，『檜図屏風』が代表作である。

❽ 秀吉の小姓出身で狩野永徳の養子となった(16   )は，『牡丹図』や雄大な『(17   )』で有名である。

❾ 雪舟5代を自称し水墨画『(18   )』を残した父の(19   )とともに，長谷川久蔵は金碧障壁画の『(20   )』を合作した。

❿ (21   )は濃墨の鋭い筆勢を示す『(22   )』や，『牡丹図・梅花図屏風』などで知られ，金碧画と水墨画の両方に個性的な作品を残している。

⓫ 桜の花の下で貴人と供の男女が遊んでいる様子を六曲二双の屏風に描いた『(23   )』は，狩野永徳の末弟の(24   )の作品である。

⓬ 狩野秀頼が京都高雄の秋に遊ぶ人々を描いた『(25   )』は，狩野派の初期風俗画として有名である。

⓭ 秀吉夫人である北政所が京都に草創した寺院に残る(26   )は，柱や須弥壇などの黒漆に豪放な模様を残している。

⓮ 朝鮮侵略の時，朝鮮から(27   )が伝えられ，数種の書物が出版された。このうち後陽成天皇の勅命でなされたものを(28   )という。

⓯ 堺の豪商千利休(宗易)は草庵の茶である(29   )を完成させ，(30   )を確立した。これは簡素・閑寂を精神とするものであった。

⓰ 1587年，秀吉は京都で(31   )を開き，千利休・今井宗久・津田宗及らの茶人を中心に，貧富・身分の別なく参加させた。

⓱ 京都府大山崎の臨済宗禅院に残る(32   )は，2畳の茶室で千利休造作と伝える簡素な

ものである。

⑱ 信長の弟（33　）は，茶道専念の生涯を送り，京都建仁寺境内に（34　）を建てた。これは暦張りの席で知られる。
⑲ 利休の高弟（35　）は信長・秀吉に仕えた大名であり，武家的茶道を確立したが，大坂の役で自刃した。
⑳ 江戸幕府の作事奉行であった（36　）は，名古屋城・大坂城・伏見城の工事も担当した。作庭技術の高さでも知られ，将軍・大名の茶の湯の師範をつとめた。
㉑ 出雲大社の巫女といわれる（37　）は，勧進のために各地を遍歴し，今日の歌舞伎の基礎をつくった。彼女の（38　）は大流行し，やがてこれをもとに（39　）がうまれた。
㉒ 琉球から伝来した（40　）を伴奏にとり入れて，人形の動作に合わせて演出する劇である（41　）が行なわれるようになった。
㉓ 堺の商人（42　）が小歌に独特の節回しをとり入れた（43　）は，庶民に人気があった。
㉔ 南蛮人の風俗を画題とした風俗絵の屏風を（44　）と呼ぶ。これには狩野派の画家が多く参加している。
㉕ 1590年，宣教師（45　）が活字印刷術を伝え，（46　）と総称される様々な書籍を刊行した。
㉖ 衣服は（47　）が一般に用いられ，上級武家の女性の晴れ着は（47　）のうえに着ている打掛を肩ぬぎして（48　）にしたものであった。

2 ── 寛永期の文化

❶ 3代将軍家光を中心とする江戸時代初期の文化を（49　）と呼ぶ。この文化は，桃山文化の特色を受け継ぎ，元禄文化につながる性格をもつ。
❷ 図1の（50　）は（51　）の代表的建築で，華美な装飾が施されている。
❸ 図2の（52　）は後陽成天皇の弟（53　）の別邸であった。
❹ 図3の（54　）は（55　）が『後撰和歌集』の歌の歌意を意匠した硯箱である。

図1　　　　　図2　　　　　図3

❺ 朝鮮出兵の際，諸大名が連れ帰った朝鮮人陶工が伝えた技術により九州・四国地方の各地で陶磁器生産が始められ，やがてお国焼とよばれるようになる。島津氏の薩摩焼，毛利氏の（56　），松浦氏の平戸焼，黒田氏の（57　）などが有名である。
❻ 肥前国（58　）では磁器の生産が始まり，陶工（59　）が，釉薬をかけ高温で焼いた磁器に文様を描く上絵付けの技法で（60　）を完成させた。

14 近世の学問・思想

1 ── 儒学の興隆

ポイントはこれだ☆ 元禄期の学問の中心は儒学，中でも主流は朱子学。革新的で幕府から警戒されたのが陽明学，直接，孔孟の教えにもどれとするのが古学。

1 朱子学＝江戸幕府の正学（君臣関係の固定・身分秩序の重視・**大義名分論**）

京学	藤原惺窩──（林家）**林羅山**（家康に仕える）──鵞峰──鳳岡（信篤，大学頭）
	木下順庵（加賀藩に仕える／木門派）──**新井白石**（6代家宣・7代家継の儒学の師）／室鳩巣（8代将軍吉宗の侍講，『六諭衍義大意』）

南学	（南村梅軒）──**野中兼山**（土佐藩政に貢献）
	山崎闇斎（崎門学，会津藩の保科正之に仕える，**垂加神道**）

＊寛政の三博士＝柴野栗山・尾藤二洲（京学）・岡田寒泉（のち古賀精里，南学）
　　　　　　　昌平坂学問所の教官，**寛政異学の禁**で活躍

2 陽明学・古学＝異学

陽明学	現実を批判して矛盾を改めようとする革新的精神──**知行合一**の立場
	中江藤樹（近江聖人，『翁問答』，藤樹書院）
	└**熊沢蕃山**（岡山藩の池田光政に仕える，『大学或問』で幕政批判）

古学	朱子学・陽明学の解釈を廃し，直接原典から孔子・孟子の真意を理解する
	〈聖学〉**山鹿素行**（『聖教要録』で朱子学批判，赤穂に配流中に『中朝事実』を著す）
	〈堀川学派──京都の古義堂中心〉**伊藤仁斎**──伊藤東涯
	〈古文辞学派──江戸の蘐園塾中心〉**経世論**（経世済民の政治・経済論）
	荻生徂徠（8代将軍吉宗の諮問──『政談』＝武士土着論）
	└**太宰春台**（『経済録』＝農本思想・藩営専売論，『経済録拾遺』）

3 社会批判

尊王論	竹内式部→1758年**宝暦事件**／山県大弐→1767年**明和事件**	農本主義──**安藤昌益**（『自然真営道』）
水戸学【尊王論】	藤田東湖（『弘道館記述義』）／会沢安（正志斎，『新論』）	重商主義──**海保青陵**（『稽古談』）／蝦夷地開発──工藤平助（『赤蝦夷風説考』）／海防論──**林子平**（『海国兵談』）
町人学者	富永仲基（『出定後語』）／山片蟠桃（『夢の代』，無神論）	海外経略──**本多利明**（『西域物語』）／富国方策──**佐藤信淵**（『農政本論』）

14 近世の学問・思想

2 ── 学問の発達

ポイントはこれだ☆ 儒学のもつ合理主義的側面の影響で，実証的・科学的学問が発達したことを，具体的な著述名や学者名・主な業績に注目しながら理解する。

1 合理的思考の発達

歴史学	**新井白石** 正徳の政治 1709～16	『本朝通鑑』〔林羅山・鵞峰父子〕／『大日本史』（水戸藩＝徳川光圀の命で編纂開始）
		『折たく柴の記』 3巻 自伝⇨1716年起筆，引退まで
		『読史余論』 3巻 史論⇨公家九変，武家五変
		『古史通』⇨「神とは人也」
		『藩翰譜』⇨337大名の家史
実学	和算	『塵劫記』〔吉田光由〕 1627年刊 平易な例題⇨そろばん普及に功績 『発微算法』〔**関孝和**〕 1674年刊 筆算による代数計算確立
	本草学	『大和本草』〔**貝原益軒**〕 1708年刊 1362種の動・鉱・植物を解説 『庶物類纂』〔稲生若水〕 博物学的本草学の大著。弟子が完成
	農学	『農業全書』〔**宮崎安貞**〕 わが国最初の体系的農書〔農業技術〕 『農具便利論』『広益国産考』〔大蔵永常〕 江戸後期の代表的農書
	天文学	『**貞享暦**』〔渋川春海〈碁所の**安井算哲**〉⇨天文方〕 宣明暦の修正
	海外情報	『西洋紀聞』『采覧異言』〔新井白石〕 『華夷通商考』〔西川如見〕

2 国学と洋学（蘭学）

国学	元禄時代にはじまる古典研究 　戸田茂睡（歌学の革新＝制の詞排斥） 　契沖（『万葉代匠記』⇦徳川光圀の依頼） 　北村季吟（『源氏物語湖月抄』，幕府の歌学方）
	国学の発達＝古典（国文）・古代（国史）研究から古代精神の探究 〈享保期〉**荷田春満**（『創学校啓』） 〈宝暦期〉**賀茂真淵**（『万葉考』，古道説） 〈天明～寛政期〉**本居宣長**（『古事記伝』『直毘霊』『玉勝間』，古道説の確立） 〈化政期〉塙保己一（『群書類従』） 〈天保期〉**平田篤胤**（復古神道）
洋学（蘭学）	1811年 蛮書和解御用（洋書の翻訳） 大槻玄沢（『蘭学階梯』） 稲村三伯（『ハルマ和解』） 宇田川玄随（医学，『西説内科撰要』） 志筑忠雄（物理学，『暦象新書』） 宇田川榕庵（化学，『舎密開宗』） 高橋至時（**天文方**，寛政暦，伊能忠敬が学ぶ） 高橋景保（シーボルト事件で弾圧） **高野長英・渡辺崋山**（蛮社の獄で弾圧）

『解体新書』
杉田玄白・前野良沢ら（1774年刊行）

『**大日本沿海輿地全図**』 伊能忠敬の測量

14 スピード・チェック
近世の学問・思想

1 ── 儒学の興隆

❶ 元禄時代の学問の主流は儒学であるが，その中でも主流をなしたのは(1   )である。京都相国寺の僧であった(2   )は，還俗してこの学問の啓蒙につとめ，(3   )の祖とされる。

❷ 林家の祖の林羅山の孫である(4   )は，1690年の湯島聖堂大成殿完成の時，5代将軍綱吉によって(5   )に任じられた。

❸ 京学のうち木門派の祖とされる(6   )は，金沢の前田家〔加賀藩〕に用いられ，のちに将軍綱吉の侍講となった。彼の門下には，6・7代将軍の儒学の師であった(7   )や8代将軍の侍講となった(8   )らがいる。

❹ 南村梅軒がおこしたとされる(9   )の系統からは，垂加神道を提唱した(10   )が出て，崎門学派を形成し，尊王運動に影響を与えた。

❺ 寛政異学の禁では，朱子学を(11   )とし，それ以外の(12   )や古学などは異学とされた。こののち，昌平坂学問所の儒官に採用された(13   )・尾藤二洲・岡田寒泉らを(14   )と呼ぶ。

❻ (15   )は明の王陽明が提唱した陽明学をとり入れ，彼の弟子(16   )は，岡山藩主の(17   )に仕えたが，『(18   )』で幕政を批判したため，下総古河に幽閉された。

❼ 古学では，『(19   )』で朱子学を批判したため赤穂に配流された山鹿素行が先駆けをなし，京都の(20   )・(21   )父子や，柳沢吉保や8代将軍に仕えた(22   )が活躍した。

❽ 享保の改革で政治顧問の役割を果たした(23   )学派の(22   )は，武士の土着を説く(24   )の先駆けとなり，その弟子(25   )は徂徠の説を発展させ，武士の商業活動の必要性を主張した。

❾ 18世紀中ごろ，神道家の竹内式部が公家たちに(26   )を説いて追放刑となる(27   )が起こり，(28   )が江戸で尊王兵学を説いたために処罰される明和事件が起きた。

❿ 藤田幽谷の子(29   )と(30   )らは，(31   )の立場から尊王攘夷論を唱え，国学の平田派とともに幕末の政局に影響を与えた。

⓫ 18世紀中ごろ，医師安藤昌益は『(32   )』を著して身分制度を批判し，(33   )は武士が商業を軽視することの非を説き，(34   )は『西域物語』で貿易振興を説き，佐藤信淵も『(35   )』や『経済要録』で幕政を批判した。

⓬ 懐徳堂出身の富永仲基は『(36   )』を著して，仏教の経典は釈迦が説いたものではないと主張し，無鬼論を唱えた山片蟠桃は『(37   )』を著した。

⓭ 仙台藩医の工藤平助は蝦夷地開発と対露貿易を論じた『(38   )』を田沼意次に献上し，林子平は『三国通覧図説』や『(39   )』で海防論を展開した。

2 ── 学問の発達

❶ 幕命を受けた林羅山とその子(40   )は，宋の『資治通鑑』にならった『(41   )』を編纂し

た。水戸藩では(42　)が藩の総力をあげて,『大日本史』の編纂を開始した。この書の編纂にあたっては,(43　)論にもとづく叙述がなされた。

❷ 新井白石は自伝『(44　)』では正徳の政治について語り,『(45　)』では大名の事績の集録を行なった。

❸ 和算では,吉田光由の『(46　)』によってそろばんが普及し,関孝和の『(47　)』によって筆算による代数計算が確立した。

❹ 福岡藩の貝原益軒や加賀藩主前田綱紀の保護を受けた稲生若水によって,(48　)が進歩した。

❺ 初め安井算哲として幕府碁所で活動していた渋川春海は,のち天文学に転じ,平安期の宣明暦の誤りを元の授時暦を参考に,天体観測を行なって修正して(49　)をつくり,天文方に任じられた。

❻ 新井白石は,1708年に屋久島に潜入したイタリア人のイエズス会宣教師(50　)の尋問で得た知識をもとに,地理・風俗書である『西洋紀聞』と『采覧異言』をまとめた。

❼ 長崎出身の(51　)は『華夷通商考』で朝鮮・中国・インド・南洋などの事情をまとめ,将軍吉宗に招かれて江戸に下った。

❽ 国学者の荷田春満は,享保期に江戸に出て8代将軍吉宗に国学の学校建設を建言して,『(52　)』を提出した。

❾ 国学者の賀茂真淵は,田安宗武に仕えて宝暦期に活躍し,『万葉考』や『国意考』で(53　)を唱えた。これは,天明期から寛政期にかけて活躍した本居宣長によって確立された。

❿ 杉田玄白・前野良沢はオランダ語の人体解剖書『(54　)』を翻訳して,『解体新書』を刊行した。

⓫ 志筑忠雄がニュートンの弟子のジョン=ケイルの著書の蘭訳からさらに日本語に訳した『(55　)』は,わが国に地動説を紹介した書物である。

⓬ 蘭学入門書『蘭学階梯』や蘭学塾芝蘭堂を開いたことで知られる(56　)は,新元会(オランダ正月)を44回も開いた。

⓭ 幕府の天文方であった高橋至時は,間重富とともに新しい天文学の知識をつかって(57　)をつくった。

⓮ シーボルト事件で投獄された(58　)は,伊能忠敬の実測による『大日本沿海輿地全図』の作成にも協力しており,銅版の『新訂万国全図』を製作した。

⓯ 三河田原藩の江戸年寄(59　)は,蘭学者・西洋画家としても知られ,文人画も得意としたが,蛮社の獄で自刃した。

57

15　元禄文化

1 ── 文芸・生活・宗教

ポイントはこれだ☆　幕藩体制をつくり上げようとする武士の精神と現実肯定の町人の精神とが基調をなした。上方の町人文芸が発達し，人間性を追究した。

1 浮世草子(**浮き世**＝享楽的現世を表わす小説)
浮世草子(元禄期)⇐仮名草子(江戸初期)⇐御伽草子(室町時代)
井原西鶴(談林派の俳諧から浮世草子の世界へ)

好色物(男女の生活描写)	町人物(町人の現実相)	武家物(武士生活)
『好色一代男』『好色五人女』 『好色一代女』	『日本永代蔵』 『世間胸算用』	『武家義理物語』 『武道伝来記』

2 俳諧
┌─ 談林俳諧＝奇抜な趣向，自由な用語。西山宗因 ← 貞門派＝松永貞徳(京都)
│
└─ 蕉風(正風)俳諧＝幽玄閑寂(さび・しおり・かるみ)，発句を文学作品に
　　松尾芭蕉＝紀行文『奥の細道』『笈の小文』　句集『猿蓑』

3 人形浄瑠璃(元禄時代までは歌舞伎を圧倒，大坂中心)
─脚本　近松門左衛門
　　世話物＝『曽根崎心中』『冥途の飛脚』
　　　　　　『心中天網島』
　　時代物＝『国性(姓)爺合戦』
─語り　竹本義太夫(大坂の竹本座)
　　　　→ 義太夫節(独立した音曲)を浄瑠璃太夫が語る
─人形遣い　辰松八郎兵衛(のち江戸の辰松座)
─伴奏具として三味線が発達

人形浄瑠璃の楽屋(『人倫訓蒙図彙』)

4 歌舞伎(常設の芝居小屋)
野郎歌舞伎 ← 若衆歌舞伎 ← 女歌舞伎
↓
─ 元禄歌舞伎(女形の発達，劇場芸術) ─
　荒事　初代市川団十郎(江戸)
　和事　坂田藤十郎　　　　　｝(上方)
　女形　芳沢あやめ

5 生活
・着物　元禄模様，振袖の流行
・建物　二階建て，瓦屋根，土蔵

6 宗教
─ 黄檗宗(禅宗の一派)
　明僧─隠元隆琦　17世紀半ば
　本山─京都宇治の万福寺

2 ── 元禄美術

ポイントはこれだ☆ 元禄文化の絵画・工芸は，前代の華麗さを受け継ぎ，上方の豪商・都市や農村の有力者によって洗練されたことに注意する。

1 絵画

障壁画
- 朝廷の御用絵師　〈土佐派〉**土佐光起**
- 幕府の御用絵師　〈住吉派〉**住吉如慶**(住吉派の祖)，具慶(『洛中洛外図巻』)
- 〈琳派〉**尾形光琳**＝装飾画

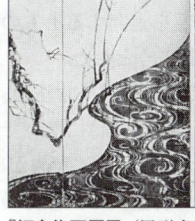

『燕子花図屛風』(尾形光琳) 　　　『紅白梅図屛風』(尾形光琳)

浮世絵
菱川師宣(**浮世絵版画を創始**⇨安価で入手しやすい絵画の誕生)
　画題＝美人・役者・相撲，肉筆美人画の傑作＝『見返り美人図』

2 工芸

[蒔絵]
尾形光琳『八橋蒔絵螺鈿硯箱』

[染物] 
友禅染の振袖
友禅染
　宮崎友禅が創始
　⇨京友禅
　⇨鹿子絞(京鹿子)

[彫刻] 
護法神像
円空(美濃の人)
　鉈彫りの仏像
　両面宿儺像

[陶磁器]
野々村仁清(丹波の人)：京焼の祖
　⇨**上絵付法**をもとに**色絵**を完成

『色絵藤花文茶壺』(野々村仁清) 　『色絵吉野山図茶壺』(野々村仁清)

尾形乾山(尾形光琳の弟)
　⇨装飾的で高雅な陶器，楽焼と本焼
　　鳴滝泉谷→洛中二条通→江戸
　　晩年は江戸下谷入谷村に窯

3 庭園

| 廻遊式庭園 | **後楽園**(小石川・水戸藩邸)　**六義園**(駒込・柳沢吉保の下屋敷) |

15 元禄文化

スピード・チェック

1 ── 文芸・生活・宗教

① 17世紀中期から18世紀初期にかけての文化は(1　　)と呼ばれ、(2　　)をつくり上げようとする武士の精神と(3　　)の町人の精神とが基調をなした。武士の社会では儒学が尊重されたことから実証主義が、町人の社会では人間中心の現実主義がおこった。

② この時期の文学は、人間性を追究する上方の(4　　)が中心で、享楽的な現世を(5　　)とみて、現実そのものを描こうとした。

③ 室町時代に流行した『物くさ太郎』『一寸法師』『浦島太郎』などの(6　　)や、江戸初期の教訓・通俗的作品で知られる(7　　)に次いで、元禄時代になると、現実の世相や風俗を背景に人々の姿をありのままに描く小説が出現し、(8　　)と呼ばれる。

④ この小説の世界へ談林派の俳諧から入ったのが、(9　　)である。彼の代表作には好色物の『好色一代男』、町人物の『日本永代蔵』や『(10　　)』、武家物の『武家義理物語』『武道伝来記』などがある。初めは楽天的作品が多かったが、やがて諦念の境地を切り開いた。

⑤ 松永貞徳の貞門派の形式性をのりこえた(11　　)の談林派は、奇抜な趣向や自由な用語で急速に人気を博した。

⑥ 松尾芭蕉の(12　　)は、さび・しおり・かるみなどの幽玄閑寂を特徴とし、発句を文学作品にまで高めた。句集『猿蓑』、俳文『奥の細道』や『(13　　)』、『野ざらし紀行』などは有名である。

⑦ 人形浄瑠璃では、操り人形と伴奏に(14　　)を用いた語りが入るが、この語りを独立した音曲にしたのが(15　　)であり、竹本義太夫が創始した。しかし、明和ごろから衰微し、近松半二の死後は歌舞伎にとってかわられた。

⑧ 元禄時代ごろまでは、人形浄瑠璃は歌舞伎を圧倒する人気があり、大坂を中心に流行した。人気脚本家である近松門左衛門には、時代物の『(16　　)』や、世話物の『(17　　)』『心中天網島』『冥途の飛脚』などの代表作がある。

⑨ 出雲阿国の阿国歌舞伎は女歌舞伎へと発展したが、幕府の取締りのために若衆歌舞伎となり、ついには(18　　)となったが、人気は衰えず、常設の(19　　)をもつ劇場芸術である元禄歌舞伎へと洗練されていった。

⑩ 女性の出演が禁止されると(20　　)の芸が発達し、上方の芳沢あやめが人気を博し、恋愛を主とする世話物狂言では和事の(21　　)が同じ上方で活躍した。当り芸は、『夕霧』の藤屋伊左衛門。

⑪ 江戸では初代の(22　　)が、わずか14歳で立回り中心の荒事を創始し、代表的名優となった。2代目以降も荒事は引き継がれ、お家芸となった。また、7代目の時にこの家の当り芸を集めた歌舞伎十八番が制定された。

⑫ 元禄期ごろの町方女性の間では、丈の長さ2尺(60cm)くらいの袖の着物が流行し、それを(23　　)とも呼ぶ。着物の華やかな模様は、後世になってから(24　　)と呼ばれた。

⑬ 都市には(25　　)の建物があらわれ、屋根には瓦をふき、火災や盗難に備えて(26　　)も

つくられるようになった。

⑭ 仏教界は幕府が本末制度や諸宗寺院法度などで統制を加えたため沈滞したが，17世紀中ごろ，明僧(27　)によって，禅宗の一派である(28　)がもたらされた。

⑮ この宗派の寺院としては，長崎居住の中国人の檀那寺とされた崇福寺(そうふくじ)や，京都宇治に本山として開かれ，中国式伽藍配置で有名な(29　)がつくられた。

2 ―― 元禄美術

❶ 元禄期の絵画・工芸は，桃山文化や近世初期の文化の華麗さを受け継いでいる。これは，(30　)の豪商や都市の有力者が文化の担い手となったからである。彼らは絵画・工芸などを一層洗練されたものとした。

❷ 大和絵の一派である(31　)から出て，朝廷の御用絵師(絵所預(えどころあずかり))となった(32　)は漢画の技法をとり入れた。子の光成との合作『秋郊鳴鶉図』が有名であり，晩年『本朝画法大伝』という画論書を著した。

❸ 住吉如慶の子(33　)は幕府の(34　)となり，以後，代々その職を継いだため，江戸の大和絵は彼らによって広められた。代表作に『(35　)』や『元三大師縁起』がある。

❹ 本阿弥光悦や俵屋宗達の風を学んで，元禄趣味に合った華麗な装飾画を得意とした(36　)は，代表作に紅白梅と水流を描いた『紅白梅図屏風』，三河八橋のかきつばたを律動的に描いた『(37　)』がある。

図1

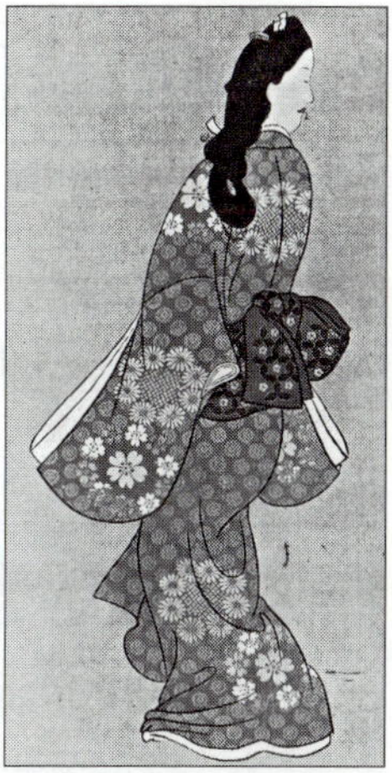

❺ 浮世絵版画の創始者として知られる(38　)の登場によって，安価で入手しやすい絵画が出現した。しかし，まだ多色刷り版画ではなく，彼の代表作図1は肉筆美人画の『(39　)』である。

❻ 東福門院の呉服所となった雁金屋の次男尾形光琳が，京蒔絵を発展させた代表作として知られる『(40　)』は，三河八橋のかきつばたが題材となっている。

❼ 糊付の技法を改良して，友禅染を創始したのは(41　)とされる。華やかな模様を染め出して，大流行させた。初め筆描きであったが，やがて型紙となった。

❽ 美濃竹鼻出身で東日本を遍歴し，各地に(42　)彫りの仏像を残したのは(43　)である。代表作に，両面宿儺像や(44　)などがある。

❾ 京都でつくられた楽焼以外の陶磁器の総称が(45　)であり，酒井田柿右衛門らの影響で(46　)が行なわれるようになり，(47　)によって完成されたため，彼を(48　)と呼ぶ。代表作に黒地のうえにみごとな絵付がなされている絢爛(けんらん)豪華な『(49　)』がある。

❿ 尾形光琳の実弟(50　)は色絵陶器の感化を受け，装飾的陶器を残した。晩年は江戸に下り，輪王寺宮公寛入道親王の知遇を得，寛永寺領の(51　)入谷村で窯を開いた。

⓫ 大名屋敷には将軍の御成(おなり)に備えて廻遊式庭園が設けられた。江戸小石川の水戸藩邸に造られた(52　)や柳沢吉保(よしやす)の下(しも)屋敷であった駒込(こまごめ)の(53　)などが現存している。

16 宝暦・天明期の文化／化政文化

1 ── 宝暦・天明期の文化

ポイントはこれだ☆ 出版物や貸本屋の普及により文学が身近なできごとを描く民衆のものとなったこと、絵画では錦絵が完成して浮世絵が隆盛となり、文人画や西洋画も盛んに描かれたことに注目し、分野・作家・作品をセットとして整理する。

1 文学：多くの出版物が刊行 ← 蔦屋重三郎：耕書堂を経営、黄表紙・洒落本など出版

小説	草双紙：挿し絵	洒落本：遊里を描写	黄表紙：風刺・滑稽
	赤本・青本・黒本（表紙の色による）	山東京伝『仕懸文庫』	恋川春町『金々先生栄花夢』
		← 寛政の改革で処罰 →	
	読本：文章が主体	俳諧：絵画的描写	川柳：世相・風俗の風刺
韻文	上田秋成『雨月物語』	蕪村『蕪村七部集』	柄井川柳『誹風柳多留』
		狂歌：為政者批判、世相を皮肉 大田南畝（蜀山人）　石川雅望（宿屋飯盛）	

『雨月物語』（東京大学国文学研究室蔵・東京大学総合研究博物館提供）

2 演劇

浄瑠璃	〈享保〉竹田出雲	『仮名手本忠臣蔵』（1748年初演）：赤穂義士を題材 『菅原伝授手習鑑』（1746年初演）：菅原道真の左遷を題材
	〈天明〉近松半二『本朝廿四孝』→のち唄浄瑠璃（一中節・常磐津節など）へ	
歌舞伎	〈寛政〉江戸三座＝中村座（はじめ猿若座）・市村座・森田座が繁栄	

3 絵画

浮世絵：黄金時代へ	
鈴木春信：多色刷浮世絵版画＝錦絵を創始、『五常』	
喜多川歌麿：大首絵、美人画、『当時全盛美人揃』	
東洲斎写楽：大首絵、役者絵・相撲絵、『奴江戸兵衛』	
写生画：円山派の形成	文人画（南画）：明・清の影響
円山応挙『雪松図屏風』	池大雅・蕪村『十便十宜図』
西洋画：油絵の具・絵画技法の伝播（長崎から）	
司馬江漢：銅版画創始、『不忍池図』	亜欧堂田善『浅間山図屏風』

『奴江戸兵衛』

2 ── 化政文化

> **ポイントはこれだ☆** 将軍家斉の治世下で，江戸を中心に最盛期を迎えた町人文化には，享楽的傾向とあわせて批判的精神の高揚がみられる。この点に注目して分野・作家・作品を整理し，庶民生活における娯楽や行事についてもまとめておくこと。

1 文学

小説		滑稽本：庶民生活の描写		
		十返舎一九『東海道中膝栗毛』	式亭三馬『浮世風呂』『浮世床』	
		人情本：恋愛もの	合巻：黄表紙の合綴	読本
		為永春水『春色梅児誉美』 ↑天保の改革で処罰	柳亭種彦『偐紫田舎源氏』↑	曲亭馬琴『椿説弓張月』，『南総里見八犬伝』
韻文	俳諧	小林一茶『おらが春』		
	和歌	香川景樹─桂園派（古今調）　　良寛（万葉調）		
その他	紀行	菅江真澄『菅江真澄遊覧記』（東北各地を旅行）		
	民俗	鈴木牧之『北越雪譜』（雪国の自然・生活の紹介）		

『北越雪譜』

2 絵画

浮世絵	葛飾北斎：風景画，『富嶽三十六景』
	歌川広重：風景画，『東海道五十三次』『名所江戸百景』
	歌川国芳：世相・政治批判，『朝比奈小人嶋遊』
写生画	呉春（松村月渓）：四条派を創始，『柳鷺群禽図屏風』
文人画	田能村竹田（豊後出身）
	谷文晁（江戸出身）
	渡辺崋山：谷文晁の門人，『鷹見泉石像』

『富嶽三十六景・神奈川沖浪裏』（上）
『東海道五十三次・金谷』（下）

3 民衆文化

娯楽	芝居小屋（常設）─歌舞伎　〈化政期〉四世鶴屋南北『東海道四谷怪談』＝生世話物 　　　　　　　　　　　　　〈幕末期〉河竹黙阿弥『三人吉三廓初買』＝白浪物
	寄席─町人地：曲芸・講談・落語　　村芝居（地芝居）─村：歌舞伎をまねる
寺社	富突（富くじ）：谷中天王寺・目黒不動・湯島天神　相撲　縁日・開帳─出開帳
	寺社参詣：伊勢神宮・信濃善光寺・讃岐金毘羅宮　巡礼：西国三十三所
行事	五節句　彼岸会　盂蘭盆会　　講　日待　月待　庚申講─庚申塔の建立

スピード・チェック 16 宝暦・天明期の文化／化政文化

1 ── 宝暦・天明期の文化

❶ 18世紀後半に庶民向けの読み物が多く出版されるようになると，それらを期限付き・有料で貸し出す(1)が全国的に広がっていった。

❷ 表紙の色から赤本・青本・黒本などと呼ばれた(2)は，絵草子ともいわれる挿し絵入りの通俗的読み物のことである。

❸ 遊里を舞台とした(3)では，写実的な描写を得意とする(4)が『仕懸文庫』などを著したが，出版元で耕書堂を経営する(5)とともに(6)で罰せられた。

❹ 風刺・滑稽な内容と絵を組み合わせた(7)は，田沼時代に流行した。代表的作家は小石川春日町に住んだ(8)で『(9)』などを著したが，寛政の改革で処罰された。

❺ 俳諧では(10)が絵画的描写を特徴とする画俳一致の句を詠み，文人画も描いた。彼の作品はおもに弟子たちが編集した『蕪村七部集』などにまとめられている。

❻ 俳句と同じ五七五の形式をとって世相や風俗を風刺したものが(11)で，(12)が文学のジャンルとして定着させた。(12)は『(13)』を刊行している。

❼ 和歌に滑稽味を取り入れて政治や世相を皮肉る(14)が流行し，幕府御家人(15)や彼に学んだ国文学者石川雅望(宿屋飯盛)らが活躍した。

❽ 大坂竹本座の座元(16)は，赤穂義士の仇討ちを室町時代に置き換えた『仮名手本忠臣蔵』や菅原道真の左遷を題材にした『菅原伝授手習鑑』などの浄瑠璃脚本を著した。

❾ 近松門左衛門の養子で，竹田出雲の門下でもある(17)は，衰退した竹本座を復興した。上杉謙信・武田信玄の争いにまつわる恋物語『本朝廿四孝』の脚本は，彼を中心とする合作である。

❿ 歌舞伎に圧倒されるようになった浄瑠璃は，しだいに人形操りと離れ，座敷でうたわれる一中節・常磐津節・清元節など(18)(座敷浄瑠璃)に移っていった。

⓫ 18世紀後半から江戸を中心に盛んとなった歌舞伎では，寛政期に(19)と呼ばれた中村座・市村座・森田座が栄えた。

⓬ 菱川師宣によって創始された(20)は，18世紀半ばに現れた鈴木春信が一枚刷り・多色刷版画である(21)を完成したことで黄金時代を迎える。

⓭ 寛政期には，画面いっぱいに半身像を表す大首絵の手法を用いて(22)が『当時全盛美人揃』などの美人画を，(23)が三代目大谷鬼次の『奴江戸兵衛』などの役者絵や相撲絵を描いて活躍した。

⓮ 『雪松図屛風』や『保津川図屛風』などを描いた(24)は，遠近法を取り入れた立体感のある写生画の様式を完成し，円山派とよばれる一派を創始した。

⓯ 明・清の影響を受けた(25)は南画ともよばれ18世紀後半に盛んとなった。この画風を大成したのが(26)や蕪村であり，彼らは『十便十宜図』を合作している。

⓰ 途絶えていた西洋画では，長崎から油絵の具や絵画技法が伝えられ，18世紀末には平賀源内に学んだ(27)が銅版画を始めて『不忍池図』などの作品を残し，(28)も『浅間

山図屏風』などを描いた。

2 ── 化政文化

❶ 11代将軍(29   )の治世下，文化・文政期を中心に最盛期を迎えた町人文化が化政文化である。これは江戸・大坂・京都という三都の繁栄を背景に形成されたものである。

❷ 寛政の出版統制以後，洒落本から分かれた(30   )が盛んとなった。これは，滑稽さや笑いをもとに庶民生活を描いたもので，江戸っ子の東海道旅行記である(31   )の『東海道中膝栗毛』や江戸の売薬商だった(32   )が著した『浮世風呂』などに代表される。

❸ 文政期以降，洒落本が長編化して男女の恋愛を中心に描くようになり(33   )と呼ばれるようになった。式亭三馬の門下だった(34   )は『春色梅児誉美』を著したが，(35   )で処罰された。

❹ 黄表紙を数冊綴じ合わせた(36   )は，天保期に全盛となった。江戸の旗本(37   )は『源氏物語』のパロディである『(38   )』で大奥の生活を描き好評を得たが，天保の改革により絶版とされた。

❺ 仮名草子の流れをくみ，読む文章を主体とした小説である(39   )は，宝暦・天明期に大坂の(40   )が怪奇物語を集めて著した『(41   )』に始まり，江戸の(42   )は安房里見家の再興を題材に，勧善懲悪・因果応報を盛り込んだ『南総里見八犬伝』などを著した。

❻ 俳諧では，信濃の(43   )が村々に生きる民衆の生活を詠んだ人間味豊かな句を『おらが春』などに残した。

❼ 化政期から天保期にかけて(44   )らの桂園派が和歌に古今調の平明な歌風を起こしたが大きくは広まらなかった。一方，越後の禅僧(45   )は万葉調の童心あふれる生活歌を詠んだ。

❽ 越後の縮商人鈴木牧之は随筆集『(46   )』で雪国の自然や農民の生活・風俗を描き，東北各地を旅した菅江真澄は紀行文『菅江真澄遊覧記』で民間の生活や習俗を記した。

❾ 庶民の旅が一般化するなか錦絵の風景画が流行し，(47   )が『富岳三十六景』を大胆な構図で描き，(48   )は『東海道五十三次』などで自然と人物を抒情的に描いた。

❿ 写生画の円山派から分かれた四条派は(49   )が創始したもので，温雅な筆遣いで描かれた風景画は，上方の豪商たちにもてはやされた。

⓫ 化政期の文人画は，江戸に谷文晁とその門人で『鷹見泉石像』を描いた(50   )，豊後に田能村竹田が輩出して全盛期を迎えた。

⓬ 多くの都市で常設の(51   )が賑わい，歌舞伎では四世(52   )による生世話物の傑作『東海道四谷怪談』や幕末の(53   )作の白浪物『三人吉三廓初買』などが評判を呼んだ。

⓭ 都市の盛場では見世物や曲芸の小屋が立ち，町人地でも(54   )が開かれて落語や講談が演ぜられた。村々では，若者たちを中心に歌舞伎をまねた(55   )が行なわれた。

⓮ 寺社で催された縁日や秘仏を公開する(56   )，富突などに多くの人々が集まり，伊勢神宮などへの寺社参詣や聖地・霊場をめぐる(57   )もさかんに行われた。

⓯ 精進潔斎して神仏を祀り，寝ずに翌朝の日の出を待つ(58   )や月の出を拝む月待，招福除災を願い庚申の日に集会して夜を明かす(59   )などの集まりも盛んだった。

17 文明開化と明治の文化 I

1 ── 文明開化期の文化

> **ポイントはこれだ☆** 明六社などの啓蒙思想家グループの果たした役割をおさえるとともに，明治政府のもつ復古的な側面が，宗教政策にあらわれたことに注目する。

1 啓蒙思想の普及

欧米の自由主義・功利主義思想
　福沢諭吉…『**学問のすゝめ**』『**文明論之概略**』『**西洋事情**』
　中村正直訳…『**西国立志編**』『**自由之理**』
フランス流**天賦人権思想**
　中江兆民…『**民約訳解**』(ルソーの『社会契約論』抄訳)
啓蒙団体
　明六社(1873)…『明六雑誌』発行，**森有礼**(初代の文部大臣)
新聞・雑誌の発行
　鉛製活字の量産…**本木昌造**　　最初の日刊新聞…『**横浜毎日新聞**』(1870)

2 宗教

キリスト教…禁止(**五榜の掲示**，1868)⇨ 布教黙認(1873)
神道国教化政策の推進
　神仏分離令(1868)…神仏混交の禁止，**廃仏毀釈**の運動
　神祇官設置 ⇨ **大教宣布の詔**…祭政一致のための神道国教化を推進
　神社制度・祝祭日の制定(2/11⇨紀元節，11/3⇨天長節)
仏教の復興…島地黙雷らの努力

3 教育

義務教育	1871年	**文部省**設置
	1872年	**学制**公布…フランス式学区制採用
	1879年	**教育令**公布…アメリカ式自由教育
	1880年	改正教育令
高等教育	官学	1877年，**東京大学**設立 ⇦ 幕府の学校を統合
	私学	福沢諭吉…**慶応義塾**
		新島襄…**同志社**
		大隈重信…**東京専門学校**

洋風化の進む東京銀座

4 生活の近代化

衣食住の表面的な模倣…"日本橋の文明開化"
太陽暦の採用，洋服・帽子の着用，**ざんぎり頭**，錦絵

2 ── 明治の文化 I

ポイントはこれだ☆ 国粋主義の台頭や国家主義的風潮など，思想界の動向がポイント。学問の発達は分野別に整理して把握し，外国人教師の果たした役割にも注目。

1 国家主義思想の台頭

明治20〜30年代，国家主義思想(**国権論**)の台頭⇐政府の**欧化主義**政策

平民的欧化主義 **徳富蘇峰**…**民友社**の設立　新聞『**国民新聞**』の発行　雑誌『**国民之友**』 ※日清戦争を契機に**国家主義**(対外膨張主義)へ **近代的民族主義** 　**国粋保存主義**　**三宅雪嶺**・杉浦重剛・志賀重昂ら…**政教社**を設立　雑誌『**日本人**』 　**国民主義**　陸羯南…新聞『**日本**』の発行 　**日本主義**　**高山樗牛**・井上哲次郎ら…雑誌『**太陽**』，博文館にて発行

2 宗教界の動き

神道…**天理教**・**金光教**・**黒住教**などの**教派神道**の公認 仏教…**島地黙雷**らにより再興 キリスト教…高札の撤廃，憲法での宗教の自由保障，**廃娼運動**に成功

『日本人』　『国民之友』

3 教育の普及

1886年	**学校令**の制定(文部大臣：森有礼) └国家主義的教育に転換，義務教育年限4年
1890年	**教育に関する勅語**の発布(忠君愛国が教育の基本理念) 　　　※**内村鑑三不敬事件**(1891)
1903年	**国定教科書**制度(検定制⇨国定制)
1907年	義務教育年限6年，就学率97%

4 学問の発達

分野		人物	業績	分野	人物	業績
人文科学	哲学	**西周**	西洋哲学の紹介	経済学	福沢諭吉	新聞『時事新報』の発行
	法学	梅謙次郎 穂積八束	フランス系法学 ドイツ系法学	歴史学	田口卯吉 **久米邦武**	『日本開化小史』 論文「神道は祭天の古俗」
自然科学	医学	**北里柴三郎** **志賀潔**	ペスト菌の発見 赤痢菌の発見	薬学	**高峰譲吉** 鈴木梅太郎 秦佐八郎	タカジアスターゼ創製 オリザニン発見 サルバルサン創製
	地学 天文学	大森房吉 木村栄	地震計の発明 Z項の発見	物理学	**長岡半太郎** 田中館愛橘	原子構造の研究 地磁気の測定
外国人教師	文芸 教育	フェノロサ マレー **クラーク**	日本美術の評価[米] 女子教育に貢献[米] 札幌農学校[米]	動物学 地震学 地学	**モース** ミルン ナウマン	大森貝塚の発掘[米] 地震学会設立に尽力[英] フォッサマグナの指摘[独]
	文学 医学	ハーン (小泉八雲) ベルツ	日本文化の研究紹介[英] 東大内科・産科[独]	農学 法学	ケプロン **ボアソナード**	開拓使で米式農法指導[米] 各種法典整備[仏]

17 文明開化と明治の文化 I

スピード・チェック

1 — 文明開化期の文化

❶ 明治新政府は，文化や国民生活の近代化をはかるため，西洋の近代思想や生活様式を積極的に導入した。このことは，明治初期の新しい世相ともなり，東京など都市を中心に広まった。当時，この風潮を(1)と呼んだ。

❷ 思想界では，それまでの儒教・神道による考え方や古い習慣が時代遅れとして排斥され，かわって自由主義・個人主義などの近代思想が流行し，(2)思想が唱えられた。なお(2)思想は，のちの自由民権運動の指導的理論となっていく。

❸ (3)の『西洋事情』『学問のすゝめ』，(4)訳の『西国立志編』などが新思想の啓蒙書としてさかんに読まれ，国民の思想を転換させるうえに大きな働きをした。

❹ 教育の面では，1871年の(5)の新設に続いて，翌年にはフランスの学区制などをとり入れた統一的な(6)が公布された。しかし，この計画は当時の実情とかけ離れたものであったので，1879年の(7)公布によって改正された。

❺ 新政府は，専門教育にも力をそそぎ，1877年には東京開成学校と東京医学校を統合して(8)を設立し，多くの外国人教師を招き，各種学術の発達をはかった。

❻ 教育は主として政府によって進められたが，福沢諭吉の(9)，新島襄の(10)などの私学も創設され，特色ある学風を発揮した。

❼ 1868年，政府は(11)を発し，祭政一致の立場から古代以来の神仏混交を禁じて神道国教化の方針を打ち出したため，全国にわたって一時(12)の嵐が吹きあれた。

❽ 政府はさらに神道国教化をめざして，1870年(13)を発し，また神社制度・祝祭日などを制定した。祝祭日として2月11日を(14)，11月3日を(15)と定めた。

❾ (16)は，明治の初めまでは迫害を受けたが，1873年ようやく(16)禁止の高札が撤廃され，黙認されることになった。

❿ 新聞・雑誌は，(17)の鉛製活字の量産などにより，最初の日刊新聞『(18)』が発刊され，以後，東京を中心に各種の日刊新聞や雑誌がつぎつぎと刊行されていった。

⓫ 1873年，森有礼・福沢諭吉らによって組織された(19)は，『明六雑誌』を発行し，封建思想の排除と近代思想の普及につとめた。

⓬ 1872年12月，旧暦(太陰太陽暦)を廃して(20)を採用し，1日を24時間とし，のちには日曜を休日とするなど，長い間の行事や慣習が改められた。

⓭ 文明開化の風潮は，東京などの都会の世相によくあらわれ，洋服の着用が，官吏や巡査からしだいに民間に広まっていき，まげを切り落とした(21)が新風俗の代表のようにみられた。

2 — 明治の文化 I

❶ 徳富蘇峰は(22)を設立して雑誌『(23)』を発刊し，政府が条約改正のために行なった欧化政策を貴族的欧化主義として批判した。

17　文明開化と明治の文化 I

❷ 三宅雪嶺らは(24　)を設立し，雑誌『日本人』を発刊して国粋保存主義(国粋主義)を，また陸羯南らは新聞『(25　)』を発刊して(26　)を説いた。

❸ 日清戦争後，(27　)は雑誌『太陽』を発刊し，日本古来の伝統を重視して国民精神の発揚を唱える(28　)を主張した。

❹ 義和団事件を境に帝国主義を容認する動きがみられる中で，日本の対外膨張とそれを支えるための(29　)は，日露戦争以前の思想界の主流になっていった。

❺ 明治初年の神道国教化の中で，廃仏毀釈の打撃を受けた仏教は，西洋の自由信仰論をとり入れた(30　)らの努力で立ち直っていった。

❻ 1886年，文部大臣(31　)のもとで，いわゆる(32　)が公布され，学校間の体系が整備された。

❼ 1890年，小学校令が改正され，尋常小学校3〜4年間の(33　)が明確化され，高等小学校の修業年限には弾力性がもたされた。さらに1907年には，(33　)が(34　)年に延長され，国民教育はしだいに普及していった。

❽ 1890年発布の(35　)で，忠君愛国が教育の基本であることが強調され，しだいに国家主義的色彩が強まった。

❾ また，1903年に小学校の教科書を(36　)制とすることが定められ，教育に対する国家の統制が強まった。

❿ 1891年，第一高等中学校嘱託教員でキリスト教徒の(37　)が，教育勅語奉戴式で教育勅語に拝礼をこばんだとして教壇を追われた。

⓫ 法律学は，初めフランスから(38　)が招かれて各種法典の編纂を行なったが，民法典論争をきっかけに，穂積八束らの(39　)系法学が支配的となった。

⓬ 歴史分野では，西洋の研究方法がとり入れられて，科学的研究がはじまった。日本史では田口卯吉の文明史論『(40　)』が著され，史観の革新が行なわれた。

⓭ 1891年，帝国大学教授(41　)は「(42　)は祭天の古俗」と論じて，神道家や国学者の攻撃を受け，翌年，大学の職を追われた。

⓮ 細菌学の分野では，(43　)がドイツに留学して破傷風菌の純粋培養に成功し，帰国後，伝染病研究所を設立した。同研究所から(44　)を発見した志賀潔が出た。

⓯ 一方，物理学では(45　)が原子模型の理論を発表し，また木村栄は(46　)を発見し，地球物理学の分野で功績を残した。

⓰ 1877年，東大に招かれて来日した(47　)は，ダーウィンの進化論の紹介や(48　)の発見などで功績が大きい。

⓱ 1876年，開拓使の招きで来日した(49　)は，札幌農学校の創設にあたり，キリスト教精神にもとづいたアメリカ式教育を行ない，その感化により，のちに内村鑑三や新渡戸稲造ら多くの人材をうんだ。

⓲ 地質学者の(50　)は日本各地の地質調査に従事し，全国地質図を作成するとともに，フォッサマグナを指摘した。

⓳ ドイツ人内科医の(51　)は，1875年政府に招かれて東京医学校・東大で内科・産科を講義し，日本医学の発展に貢献した。彼の日本社会を批判した『(52　)』は有名。

18 明治の文化Ⅱ

1 ジャーナリズムの発達と近代文学の成立

ポイントはこれだ☆ ジャーナリズムは，民権運動や日清・日露戦争との関わりの視点でおさえる。文学は，近代文学史の流れを年表形式に整理してとらえる。

1 ジャーナリズム

新聞	大新聞：『横浜毎日新聞』『東京日日新聞』『郵便報知新聞』『朝野新聞』『朝日新聞』（のち『大阪朝日新聞』）『時事新報』『自由新聞』『東京朝日新聞』『大阪毎日新聞』『日本』『国民新聞』『万朝報』『平民新聞』 小新聞：瓦版の伝統を継承『読売新聞』
雑誌	『明六雑誌』『女学雑誌』『国民之友』『日本人』『文学界』『太陽』『少年世界』『ホトトギス』『労働世界』『中央公論』『明星』『アララギ』

『平民新聞』

2 近代文学の成立

萌芽	戯作文学…仮名垣魯文『安愚楽鍋』『西洋道中膝栗毛』 政治小説…矢野竜渓『経国美談』，東海散士『佳人之奇遇』
展開	**写実主義** 　坪内逍遙…『**小説神髄**』 　二葉亭四迷…『**浮雲**』(言文一致体) 　尾崎紅葉…『金色夜叉』・硯友社設立(『我楽多文庫』) **理想主義** 　幸田露伴…『五重塔』『運命』『風流仏』 **ロマン主義**[日清戦争前後] 　北村透谷…雑誌『**文学界**』，樋口一葉…『たけくらべ』 　森鷗外…『**舞姫**』『即興詩人』，石川啄木…『一握の砂』 **自然主義**[日露戦争前後] 　国木田独歩…『牛肉と馬鈴薯』 　田山花袋…『蒲団』 　島崎藤村…『破戒』『若菜集』，徳田秋声…『黴』 **反自然主義**[明治末期] 　夏目漱石…『**吾輩は猫である**』『坊っちゃん』『草枕』
新傾向	社会的矛盾と自我の問題の追究(人道主義) 　有島武郎・志賀直哉・武者小路実篤ら…雑誌『**白樺**』 女性の解放問題 　平塚らいてう(明)…雑誌『**青鞜**』

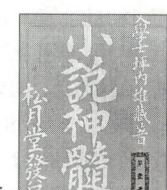

『小説神髄』

『浮雲』

『金色夜叉』

2 — 近代芸術の発達

ポイントはこれだ☆ 演劇では，新劇の文芸協会と自由劇場が重要なポイント。絵画では日本画と西洋画の両者の動向をしっかりと把握すること。

1 演劇

歌舞伎
　河竹黙阿弥…散切狂言と活歴物
　演劇改良運動⇨**団菊左時代**の出現(明治中期の全盛時代)
新派劇[日清戦争前後から]⇦壮士芝居(書生芝居)
　川上音二郎…オッペケペー節が一世を風靡
　戦争・評判小説の劇化…『滝の白糸』『不如帰』『金色夜叉』など
新劇(西洋翻訳劇)[日露戦争後]…シェイクスピア，イプセンなど
　1906年　**文芸協会**…坪内逍遙・島村抱月
　1909年　**自由劇場**…小山内薫・市川左団次(2代目)

2 音楽

軍隊に**洋楽**の導入　　小学**唱歌**…音楽取調掛：伊沢修二
1887年　**東京音楽学校**の設立⇨作曲家：**滝廉太郎**の出現(「荒城の月」「花」)

3 絵画

日本画…日本画の復興⇦米人**フェノロサ**，岡倉天心(『東洋の理想』『茶の本』)
　1887年　**東京美術学校**の設立(西洋美術の排除)
　1898年　美術団体**日本美術院**の設立(岡倉天心を中心に伝統美術)
西洋画…工部美術学校で教授(伊人フォンタネージ，キヨソネ)
　1889年　**明治美術会**(日本最初の洋画団体)…浅井忠『収穫』ら
　1896年　**白馬会**(外光派)…黒田清輝『湖畔』『読書』・久米桂一郎ら
　1907年　文部省…日本画・洋画統合の展覧会開催⇨**文部省美術展覧会**(文展，のち帝展)

4 彫刻

木彫　高村光雲…『老猿』
彫塑　工部美術学校で教授(伊人ラグーザ)
　　　　荻原守衛…『女』『坑夫』

『老猿』

5 建築

コンドル(英)…鹿鳴館・ニコライ堂
辰野金吾…東京駅・日本銀行，片山東熊…赤坂離宮

『収穫』 　『湖畔』 　『女』

18 スピード・チェック
明治の文化 II

1 ── ジャーナリズムの発達と近代文学の成立

❶ 1892年，黒岩涙香が創刊した『(1　)』は，1899年以降，論説陣を強化して，東京の最有力紙となった。日露戦争に際して一時非戦論を唱えたが，のち主戦論に転じた。

❷ 1872年，前島密の支持により創刊された『(2　)』は，立憲改進党系の機関紙となり，民権派政論新聞として発展したが，のち『報知新聞』と改題し，大衆化した。

❸ 現在の『毎日新聞』の前身紙の1つである『(3　)』は，東京では最初の日刊紙であったが，福地源一郎が入社して以降，しだいに政府の御用新聞と化していった。

❹ 雑誌の本格的な発達は，1880年代後半の民友社の『国民之友』や政教社の『(4　)』の創刊からである。1890年代後半には高山樗牛らの『(5　)』や，『反省会雑誌』の後身の『(6　)』などの総合雑誌も創刊され，新聞とは違う形で国民文化の発達に貢献した。

❺ 文学では，明治初年に後退した(7　)が復活し，仮名垣魯文は『(8　)』や『西洋道中膝栗毛』などで，文明開化期の世相を風刺した作品を描いた。

❻ また，政治・外交問題をめぐる民権論・国権論が高まる中で，政治運動家らによって書かれた(9　)である矢野竜渓の『(10　)』，東海散士の『(11　)』などが広く人気を博した。

❼ 坪内逍遙は，戯作文学の勧善懲悪主義や政治小説の政治主義に対し，人間の内面を写実的に描き出そうと，1885年に『(12　)』を刊行した。また，言文一致体で書かれた(13　)の『浮雲』は，逍遙の提唱を文学作品として結実させたものでもあった。

❽ 尾崎紅葉・山田美妙らの(14　)は，写実主義を掲げながらも文芸小説の大衆化を進め，回覧雑誌『(15　)』を発刊した。

❾ 一方，幸田露伴は逍遙の内面尊重を受け継ぎ，東洋的な観念を主題とする作品『(16　)』を著した。

❿ 日清戦争前後には，北村透谷らの雑誌『(17　)』を中心にして，人間の感情面を重んじる(18　)文学がさかんになり，小説では(19　)の『たけくらべ』や森鷗外の処女作でベルリンを舞台として描いた『(20　)』などのすぐれた作品が発表された。

⓫ 詩歌の分野でも，ロマン主義がさかんで，島崎藤村の処女詩集『(21　)』や(22　)の『みだれ髪』などの情熱的な短歌があらわれた。

⓬ 正岡子規は俳句の革新と万葉調和歌の復興をめざし，1897年には松山で俳句雑誌『(23　)』の刊行に協力した。翌年，門下の高浜虚子らが引き継ぎ東京で刊行された。

⓭ 和歌では，子規の門下から伊藤左千夫や長塚節らが出て，1908年には短歌雑誌『(24　)』を刊行した。

⓮ 蘇峰の弟(25　)はトルストイに心酔し，キリスト教人道主義に立って社会的題材をあつかった作品を世に出した。彼の代表作として，封建的世相下の夫婦愛の悲劇を描いた『(26　)』がある。

⓯ 日露戦争の前後になると，人間社会の暗い現実の姿をありのままに写し出そうとする

(27)が文壇の主流となり，『牛肉と馬鈴薯』の(28)や『蒲団』の(29)らの作家があらわれた。

⓰ ロマン主義詩人から自然主義作家に転じた(30)は，『破戒』で被差別部落出身者の苦悩をあつかい，また維新前後の木曽に題材を求めた『(31)』で歴史小説の大作を完成させた。

⓱ 同じく自然主義作家の(32)は，作品『黴』や『あらくれ』などで，生活の姿をありのままに描こうとした。

⓲ ロマン主義から出発した詩人(33)は，『一握の砂』などの作品で，社会主義思想をもりこんだ生活詩をうたいあげた。

⓳ 夏目漱石は自然主義に反発し，知識人の内面生活を国家・社会との関係でとらえる作品を著した。彼の代表作に，猫に託して彼の社会観を語った『(34)』や旧制松山中学校の経験を素材にした『(35)』などがある。

⓴ 日露戦争後，社会的矛盾と自我の問題に目を向けようとする文学があらわれ，有島武郎・志賀直哉らが『(36)』を，平塚らいてうが『(37)』を創刊するなど，新傾向の文化を担った。

2 ── 近代芸術の発達

❶ 演劇では，明治の初めに(38)が文明開化の風俗をとり入れた歌舞伎の新作を発表し，また名優もあらわれて，いわゆる(39)時代を現出し，社会的地位も向上した。

❷ 日清戦争の前後から(40)と呼ばれる現代劇がはじまって，人気のある通俗小説の劇化などを行ない，演劇が民衆の娯楽として重要な存在となった。

❸ 日露戦争後には，坪内逍遙の(41)や小山内薫の(42)などによって，西洋の近代劇の翻訳物が上演された。

❹ 音楽は最初，軍隊用として西洋音楽がとり入れられ，次いで(43)らの努力で小学校教育に西洋の歌謡を模倣した唱歌が採用された。

❺ 1887年に(44)が設立されて専門的な音楽教育がはじまり，「荒城の月」や「花」などを作曲した(45)らがあらわれた。

❻ 1887年，政府の保護のもと(46)が設立され，アメリカ人(47)・岡倉天心らの影響のもとで，狩野芳崖・橋本雅邦らによりすぐれた日本画が創作された。

❼ 西洋画は一時衰退を余儀なくされたが，やがて(48)らにより日本初の西洋美術団体である明治美術会が結成され，またフランス印象派の画風を学んだ(49)らにより白馬会が結成されるなど，しだいにさかんになった。

❽ 伝統美術も岡倉天心らの(50)を中心に発展していったが，文部省も伝統美術と西洋美術の共栄をはかり，1907年の(51)の開設によって，両者は共通の発表の場をもつにいたった。(51)はその後，1919年に(52)に改組された。

❾ 彫刻の分野でも伝統的な(53)と西洋の(54)とが，対立・競合しながら発達したが，絵画と同じく文展の開設によって共存の方向に向かった。

19 大正の文化

1 ── 大正デモクラシー

> **ポイントはこれだ☆** 民主主義の指導的理論となった民本主義や天皇機関説をおさえ、大正デモクラシーの思潮を理解し、マルクス主義の流入にも注目する。

1 天皇機関説

美濃部達吉(東京帝国大学教授)の憲法理論 ⇨ **天皇機関説**(国家法人説)…統治権は法人である国家にあり、天皇はその最高機関として統治権を行使 ⇦『憲法撮要』(1923)

2 民本主義

吉野作造提唱のデモクラシー思想
　民本主義…政治目的は人民福利のためにあり、政策決定は民衆の意思による
　「憲政の本義を説いて其有終の美を済すの途を論ず」(『中央公論』1916)
　政党内閣の樹立、普通選挙の実現

3 デモクラシーの推進

新人会結成(1918)…学生の団体(東大法学部学生：赤松克麿ら中心)
黎明会結成(1918)…学者の団体(吉野作造・福田徳三ら)
雑誌…『我等』『改造』『解放』『中央公論』

4 思想界の動向

自由主義思想…長谷川如是閑(『我等』創刊)　福田徳三(社会政策と『資本論』の紹介)
社会主義思想…大山郁夫・山川均
マルクス主義思想…**河上肇**(社会問題への関心 ⇨『貧乏物語』大阪朝日新聞)
　　　　　　　　　　高畠素之(『資本論』完訳)
国家社会主義思想…**北一輝**『日本改造法案大綱』(1923)

2 ── 大衆文化の登場

> **ポイントはこれだ☆** 教育は高等教育の拡充と初等教育の普及を、科学は産業技術分野で学問的成果がみられたことを、文学は白樺派を中心にとらえる。

1 教育

義務教育の徹底　1907年、義務教育6年制の採用 ⇨ 就学率97％
高等教育機関の拡充　1918年、**大学令**・改正高等学校令の公布(原敬内閣)

19 大正の文化

2 学問

人文科学	哲　学	西田幾多郎…『善の研究』(ドイツ観念論＋東洋哲学)
	経済学	河上肇…『貧乏物語』，マルクス主義経済学の研究
	民俗学	柳田国男…民間伝承の調査・研究，民俗学の確立
	歴史学	津田左右吉…『神代史の研究』(古代史の科学的解明)
自然科学		研究機関の設立…理化学研究所，航空研究所，地震研究所などの設立
		本多光太郎…KS磁石鋼の発明
		野口英世…黄熱病の研究

3 大衆文化

新聞	全国紙の登場…『大阪毎日新聞』『大阪朝日新聞』
出版	1922年『週刊朝日』『サンデー毎日』発売開始
	総合雑誌『中央公論』『改造』，大衆雑誌**キング**(講談社)
	「円本」(1冊1円)の出現，「岩波文庫」の出版
放送	1925年**ラジオ放送**の開始⇒全国に放送網
映画	1896年神戸にて初演，無声映画(大正期)，トーキー(昭和初期)
音楽	蓄音器とレコードにて普及
その他	**文化住宅**・円タク

4 文学

白樺派	武者小路実篤・志賀直哉(『暗夜行路』)・有島武郎(『或る女』)ら
	雑誌『白樺』〈大正文学の主流・人道主義・新理想主義・個人主義〉
新思潮派	芥川竜之介(『羅生門』)・菊池寛(『父帰る』『恩讐の彼方に』)ら
	雑誌『新思潮』〈理知主義・新現実主義〉
新感覚派	横光利一・川端康成
耽美派	永井荷風(『腕くらべ』)・谷崎潤一郎(『痴人の愛』)ら
	雑誌『スバル』〈芸術至上主義〉
プロレタリア文学	『種蒔く人』⇒『文芸戦線』(日本プロレタリア文芸連盟の機関誌)
	葉山嘉樹『海に生くる人々』
	『戦旗』(全日本無産者芸術連盟の機関誌)
	小林多喜二『蟹工船』，徳永直『太陽のない街』
大衆文学(小説)	中里介山『大菩薩峠』，吉川英治『宮本武蔵』
	大佛次郎『鞍馬天狗』，直木三十五・江戸川乱歩ら

5 演劇

新劇	芸術座(1913)…島村抱月・松井須磨子ら(「復活」が評判)
	築地小劇場(1924)…小山内薫・土方与志ら(演劇の実験室)

6 絵画

官立系	1907年**文展**(文部省美術展覧会)⇒1919年帝展(帝国美術院展覧会)
在野系	日本画　1914年日本美術院の再興(院展の隆盛)…**横山大観**・下村観山ら
	西洋画　1914年**二科会**(文展洋画部から独立)…**安井曽太郎**・梅原竜三郎ら
	1922年春陽会(院展洋画部から独立)…**岸田劉生**ら

『キング』創刊号

『羅生門』

『白樺』

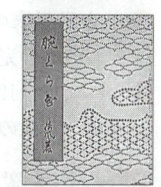

『腕くらべ』

『太陽のない街』

19 大正の文化

1 ── 大正デモクラシー

① 憲法学者(1　)は、1912年『憲法講話』の中で、(2　)とともに政党内閣を支持する憲法論を唱えた。

② 東京帝国大学教授の(3　)は、1916年『中央公論』に「憲政の本義を説いて其有終の美を済すの途を論ず」と題する論文を発表して、(4　)を主張した。

③ また、吉野は1918年に福田徳三・麻生久ら自由主義者・進歩的学者を中心に(5　)を組織して全国的な啓蒙運動を行ない、知識層を中心に大きな影響を与えた。

④ さらに吉野らの影響を受けた東大の学生らにより(6　)が結成され、社会科学の研究や啓蒙活動を行ない、彼らは普選運動や労働・農民運動と結び付いていった。

⑤ 一方、長谷川如是閑・大山郁夫らは、1919年に雑誌『(7　)』を創刊し、自由主義からマルクス主義にいたる論説を載せ、急進的民主主義の立場から論陣をはった。

⑥ 経済学者の(8　)は、ドイツ留学後、社会政策学派として経済理論・経済史を導入し、また『資本論』を紹介するなどした。

⑦ (9　)は、ヨーロッパ留学を経てしだいにマルクス主義の研究に進み、1917年に『(10　)』を発刊して、貧乏の現状とその原因及びその救済策を論じた。

⑧ 社会思想家の高畠素之は、カウツキーの『資本論解説』を翻訳したり、わが国初の『(11　)』の完訳をするなど、マルクス主義の紹介に貢献した。

⑨ (12　)は、1923年『日本改造法案大綱』を刊行し、天皇大権を中心に、私有財産制限、金融・工業の国家管理など(13　)主義的な国家改造を主張した。

2 ── 大衆文化の登場

① 大正から昭和初期にかけての文化の特色は、(14　)文化の発展であり、その背景として、日露戦争後すでに(15　)が徹底して就学率が97％をこえ、ほとんどの人が文字を読めるようになっていたことがあげられる。

② 1918年、原内閣の政策により(16　)が制定され、総合大学の帝国大学のほか、単科大学や公立・私立の大学が認められ、高等教育機関の拡充がはかられた。

③ 新聞は急速に部数を拡大し、大正末期には大新聞の中には発行部数100万部をこえるものもあらわれた。また週刊誌や『中央公論』『改造』をはじめとする(17　)が、急速な発展をとげたのもこのころであった。

④ 昭和に入ると、文学全集などを1冊1円で売る(18　)や岩波文庫が登場して、低価格・大量出版の先駆けとなり、大衆雑誌の『(19　)』の発行部数も100万部をこえた。

⑤ 1925年には東京・大阪で(20　)が開始され、以後、放送網は全国に拡大した。また(21　)も大正末期から観客数が飛躍的に増大し、すぐれた国産の作品もつくられるようになった。

⑥ 都市を中心とする文化の(22　)化は、生活様式にも大きな変化をもたらし、洋服の普

及，和洋折衷の食生活，鉄筋コンクリート造の公共建築，(23　　)と呼ばれた洋風の市民住宅，電灯の普及，水道・ガス事業の発展などが，この時期にみられた。

❼ 1917年に(24　　)が，物理・化学の研究及びその応用を目的とする民間の研究機関として創設されたのをはじめ，東京帝国大学の(25　　)・地震研究所があいついで設立された。

❽ 自然科学では，野口英世の(26　　)の研究，(27　　)のKS磁石鋼の発明など，すぐれた業績があった。

❾ 人文科学では，西田幾多郎が『(28　　)』を著して主観的観念論を展開し，独自の哲学体系を打ち立て，また歴史学者の(29　　)は，日本古代史の科学的研究を行ない『(30　　)』を著した。一方，柳田国男は，民間伝承などの調査・研究を進めて，(31　　)を確立した。

❿ 文学では，耽美派の(32　　)が1916年『腕くらべ』を発表し，花柳界の人情の機微を著した。また谷崎潤一郎は，『刺青』で女性の病的な官能美を追究し，『(33　　)』で彼の文学を完成させた。

⓫ 大正中期以降，東大系の同人雑誌『(34　　)』によった新思潮派と呼ばれる一派が活躍した。この派の作家として，『羅生門』の(35　　)や『父帰る』の(36　　)らがいる。

⓬ 1910年，学習院出身の青年たちを中心に同人雑誌『(37　　)』が創刊され，自然主義に対抗し，人道主義・新理想主義・個人主義を標榜し，大正文壇の中心的流派となった。この派の作家として，長編小説『暗夜行路』の(38　　)や『或る女』の(39　　)らがいる。

⓭ 大正末から昭和初期にかけての社会・労働運動の高揚にともない，社会問題をあつかった(40　　)もおこり，1921年創刊の『種蒔く人』は，その出発点となった。

⓮ その後，1924年の『文芸戦線』，1928年の『戦旗』などの機関誌が刊行されてさかんになり，(41　　)の『海に生くる人々』，小林多喜二の『(42　　)』，徳永直の『(43　　)』などの作品が発表された。

⓯ 大衆文学では，中里介山が長編時代小説『(44　　)』を発表し，また(45　　)も多くの時代小説を創作した。彼の代表作として大作『宮本武蔵』がある。

⓰ 演劇では，1913年島村抱月・松井須磨子を中心に(46　　)が組織され，「(47　　)」などを上演して人気を博した。

⓱ また，1924年には(48　　)・土方与志が「演劇の実験室」として，東京に(49　　)をおこし，多数の翻訳劇を上演して新劇運動の拠点となった。

⓲ 音楽では唱歌とともに童謡がさかんに歌われるようになり，(50　　)が「この道」「からたちの花」などの作曲をして活躍した。

⓳ 美術の面では，西洋画が躍進して安井曽太郎・梅原竜三郎らの(51　　)，岸田劉生らの(52　　)などが注目され，日本画では(53　　)・下村観山らが日本美術院を再興して院展をさかんにし，近代絵画としての新しい様式を開拓した。

20 昭和・平成の文化

ポイントはこれだ☆ 戦前の文化は思想・学問の弾圧を中心に，戦後の文化は教育改革と文化財関係，及びノーベル賞受賞者に注目。生活文化の動向も見逃せない。

1 ── 戦前の文化

1 思想・学問の弾圧

弾圧機関	**特別高等課**(特高)⇨1911年警視庁に，1928年全国の警察に設置
1920年	**森戸事件**…森戸辰男「クロポトキンの社会思想の研究」の弾圧
1933年	**滝川(京大)事件**…文部大臣鳩山一郎が京大教授**滝川幸辰**の罷免を要求『刑法読本』が発禁
1935年	**天皇機関説問題**…『憲法撮要』発禁。美濃部達吉，貴族院議員を辞任岡田啓介内閣⇨**国体明徴声明**を発表
1937年	矢内原事件…東大教授矢内原忠雄が植民地政策を批判⇨『帝国主義下の台湾』など発禁
1937〜38年	第1次・第2次人民戦線事件…無産政党員・労農派教授グループの検挙(加藤勘十・山川均，大内兵衛・有沢広巳ら検挙)
1938年	河合栄治郎らを攻撃…『ファシズム批判』など発禁，1939年休職
1940年	**津田左右吉**筆禍事件…『神代史の研究』など発禁

2 戦時下の文化

[思想]	1930年代	社会主義からの転向⇨『日本浪曼派』(亀井勝一郎・保田与重郎)による反近代・民族主義の提唱
	日中戦争期	全体主義が主流
[文学]	1930年代	プロレタリア文学・新感覚派⇨プロレタリア文学の壊滅
	日中戦争期	戦争文学：火野葦平(『麦と兵隊』)，石川達三(『生きてゐる兵隊』)

2 ── 戦後の文化

1 教育制度の改革

1945年	軍国主義教育者の追放　修身・地理・日本歴史の授業停止指令
1946年	アメリカ教育使節団の来日，教育改革を指令
1947年	**教育基本法**…義務教育9年制・教育の機会均等・男女共学など**学校教育法**…6・3・3・4制
1948年	**教育委員会法**⇨教育の地方分権(都道府県・市町村に公選の教育委員)
1956年	新教育委員会法⇨公選制から任命制に変更(統制強化)

20 昭和・平成の文化

2 戦後の文化

[人文・社会科学]
　考古学…登呂・岩宿遺跡の発掘　　経済史学…大塚久雄『近代資本主義の系譜』
　政治学…丸山真男「超国家主義の論理と心理」発表　　法社会学…川島武宜(かわしまたけよし)
[言論界]　雑誌…『中央公論』『改造』の復刊，『世界』『展望』『思想の科学』の創刊
[大衆文化]　「リンゴの歌」の大流行　　歌手…美空ひばりの登場
　映画監督…溝口健二・黒澤明　　スポーツ…プロ野球の復活　※伝統的武道の禁止
[その他]　文化勲章授与の復活(1946)　　**日本学術会議**の発足(1949)
　文化財保護法の制定(1950)…法隆寺金堂壁画焼損(1949)がきっかけ

【生活文化史年表】
- 1951年…民間ラジオ放送の開始
- 1953年…日本放送協会(NHK)，**テレビ放送**開始
- 1956年…週刊誌ブームはじまる，**南極観測**の開始
- 1957年…茨城県東海村**原子力研究所**(原子力の平和利用の研究)
- 1950年代後半…テレビ・電気洗濯機・冷蔵庫(「**三種の神器**」)の爆発的普及
- 1960年代以降…週刊誌の発行部数激増，映画産業の斜陽化
- 1960年…カラーテレビ放送開始
- 1964年…**東海道新幹線**開通，**オリンピック東京大会**開催
- 1967年…公害対策基本法制定
- 1968年…**文化庁**の設置(伝統文化の保護・文化の振興)
- 1960年代末以降…自家用車・カラーテレビ・クーラー(「**3C**」，「**新三種の神器**」)が普及
- 1970年…**日本万国博覧会**(大阪)開催
- 1971年…環境庁設置
- 1973年…オイルショック，狂乱物価
- 1975年…山陽新幹線開通，高校進学率90%，大学の大衆化進む
- 1978年…新東京国際空港開港
- 1982年…東北・上越新幹線開通
- 1985年…**科学技術博覧会**(筑波)開催
- 1988年…青函トンネル・瀬戸大橋開通
- 1994年…関西国際空港開港
- 1998年…長野冬季オリンピック開催
- 1999年…携帯電話の普及

【主な文学作品】
- 坂口安吾『白痴』1946
- 太宰治『斜陽』1947
- 大岡昇平『俘虜記』1948
- 谷崎潤一郎『細雪』1948
- 木下順二『夕鶴』1949
- 三島由紀夫『仮面の告白』1949
- 野間宏『真空地帯』1952
- 峠三吉『原爆詩集』1951
- 石原慎太郎『太陽の季節』1955
- 井上靖『天平の甍』1957
- 松本清張『点と線』1958

「リンゴの歌」

【ノーベル賞受賞者】
- 1949年　**湯川秀樹**(物理学賞)
- 1965年　朝永振一郎(ともながしんいちろう)(物理学賞)
- 1968年　川端康成(文学賞)
- 1973年　江崎玲於奈(えさきれおな)(物理学賞)
- 1974年　佐藤栄作(平和賞)
- 1981年　福井謙一(化学賞)
- 1987年　利根川進(生理学・医学賞)
- 1994年　大江健三郎(文学賞)
- 2000年　白川英樹(化学賞)
- 2001年　野依良治(のよりりょうじ)(化学賞)
- 2002年　小柴昌俊(こしば)(物理学賞)
- 2002年　田中耕一(化学賞)

東海道新幹線

20 昭和・平成の文化

スピード・チェック

1 ── 戦前の文化

❶ 満州事変をきっかけにナショナリズムが高揚し，あらゆる分野に大きな衝撃を与え，無産政党の分野でも（1　　）主義への（2　　）が進んだ。1932年には，（3　　）を中心に日本国家社会党が結成され，残った人々は合同して（4　　）を結成した。

❷ 1933年，日本共産党の幹部佐野学・（5　　）らが，獄中から転向声明書を発表し，広く社会主義者に影響を与え，大量転向のきっかけをつくった。一方，社会主義を守り続けた鈴木茂三郎らの日本無産党なども，1937年には弾圧されて活動を停止した。

❸ 1920年，東京帝国大学助教授（6　　）は，無政府主義者クロポトキンに関する論文「クロポトキンの社会思想の研究」が危険思想とされて，休職処分となった。

❹ 1933年，自由主義的刑法学説を唱えていた京都帝国大学教授（7　　）の『刑法読本』が，国家破壊の著作として批判され，彼は大学を追われた。

❺ 1935年，貴族院で（8　　）の説く（9　　）が反国体的であるとして非難され，大きく政治問題化した。軍・右翼は，天皇は統治権の主体であるとして，彼の学説とこれにもとづく現体制を激しく攻撃した。時の岡田啓介内閣は，ついに屈服して（10　　）を出し，美濃部学説を否認した。

❻ 1937年，東京帝国大学教授（11　　）は，『帝国主義下の台湾』などで政府の植民地政策を批判して大学を追われた。1938年には，同じく東大教授で自由主義経済学者の（12　　）が，『ファシズム批判』などが著書発禁となるうえに，休職となった。また，1940年には歴史学者（13　　）の古代史研究の著書が発禁になった。

2 ── 戦後の文化

❶ 1946年に来日した（14　　）の勧告により，1947年，新しい教育理念を示す（15　　）が制定され，義務教育が6年から9年に延長された。

❷ また，同時に制定された（16　　）により，4月から6・3・3・4の新学制が発足した。さらに教育の地方分権をめざして，1948年，都道府県・市町村に，公選による（17　　）が設けられた。

❸ 言論界も活気づき，乏しい用紙事情のもとで数多くの新聞や雑誌が誕生し，民主化を促進した。『（18　　）』『改造』などが復刊し，『世界』『展望』などの新しい総合雑誌もうまれた。

❹ 再発足した（19　　）が，放送網を全国に拡充し，民間の（20　　）も1951年から開始された。

❺ 1950年，（21　　）の焼損をきっかけとして，伝統ある文化財を保護するために，（22　　）が制定された。また中絶していた（23　　）の授与も復活した。

❻ 天皇制に関するタブーがとり除かれたことによって，人文科学・社会科学の研究の成果はめざましく，静岡県（24　　）・群馬県（25　　）の発掘など，考古学研究がさかんになる一方，丸山真男の（26　　），大塚久雄の経済史学，川島武宜の法社会学などが学生に

大きな影響を及ぼした。

❼ 自然科学の分野では，理論物理学者の(27　)が1949年に日本人で初めてノーベル賞を受け，また同年，学界を代表する機関として(28　)が設けられた。

❽ この時代には，また，音楽・演劇・映画・文学などのあらゆる面で，生活苦にあえぎながらも明るい大衆的な文化が広がった。「(29　)」の大流行に続いて，美空ひばりがあらわれて人々のかっさいを受け，溝口健二や(30　)らによって国際的にも高く評価される映画がつぎつぎとつくられた。

❾ 伝統的な(31　)が禁止された反面，野球などのスポーツが用具の不足にもかかわらずさかんになり，復活した(32　)の人気も高まった。

❿ 1950年代後半以降には，「(33　)」といわれたテレビ・電気洗濯機・冷蔵庫が爆発的に普及し，1960年代末以降は，「(34　)」といわれた自家用車・カラーテレビ・クーラーがこれにとってかわった。

⓫ 1965年に名神高速道路が開通したのを皮切りに，高速道路がつぎつぎに建設された。1964年には東京オリンピック開催を目前に(35　)が，続いて山陽・東北・上越と新幹線が建設されていった。

⓬ 1988年には，青函トンネルと(36　)の開通で，北海道・本州・九州・四国が結ばれた。また1978年には千葉県成田に(37　)が，1994年には大阪湾内に関西国際空港が開港して，国際化時代を促進していった。

⓭ 1967年に(38　)が制定され，大気汚染・水質汚濁などの公害を規制し，事業者・国・地方公共団体の責務を明らかにするとともに，1971年に(39　)が設置されて各省庁のばらばらな公害行政と環境保全施策の一本化がはかられた。

⓮ 1968年に，伝統ある文化財を保護して，文化を振興するための(40　)が設置され，重要な文化財の指定・調査・管理・修理・出品公開などにあたることになった。

⓯ 1956年から国際地球観測年の一環事業として(41　)が，また1957年には「第三の火」といわれる原子力の平和利用に関する研究が茨城県東海村の(42　)ではじまった。

⓰ ノーベル賞部門では，1965年に物理学の(43　)が，1994年に(44　)が文学賞を授与され，文化の国際的交流も活発になり，世界的な学術会議が日本でしばしば開かれるようになった。

⓱ 1964年の第18回オリンピック大会は東京で開催され，1970年には大阪で(45　)，1985年には筑波で(46　)が開かれるなど，日本も国際的文化交流に寄与することが多くなった。

⓲ 文学の面では，(47　)が戦後デカダン文学の旗手として『斜陽』など憎悪と反逆の作品を書いた。また，(48　)は自伝的小説『仮面の告白』を出世作として，『潮騒』『金閣寺』などで美的探究を続けた。

⓳ 新聞記者から作家へ転身した(49　)は，現代小説から歴史小説まで幅広い分野で活躍し，代表作に『天平の甍』がある。同じく(50　)も新聞社勤めの経験をもつ作家で，『点と線』で社会派推理小説の分野を確立するとともに，時代小説・政治小説・ノンフィクションなどの分野でも活躍した。

21 教育史

1 ── 古代〜近世の教育史

ポイントはこれだ☆ 時代ごとに教育機関の変遷とその目的や内容を理解する。学問・思想史との関連に注意。近世の教育機関は、地図で場所を確認し、またそれに関わった人物もおさえる。

	教育機関	庶民教育
奈良	**大学・国学**(儒学中心・官吏養成) **芸亭**(石上宅嗣、最初の公開図書館)	
平安	有力氏族の**大学別曹**(寄宿施設的なもの) 勧学院(藤原氏)・弘文院(和気氏) 学館院(橘氏)・奨学院(在原氏)	**綜芸種智院**(**空海**、広く儒教・仏教・道教を講義)
鎌倉	**金沢文庫**(金沢〈北条〉**実時**、仏典・漢籍中心)	
室町	**足利学校**再興(**上杉憲実**、「坂東の大学」) 戦国大名の学問奨励(儒学中心)	寺子屋はじまる 『節用集』・『庭訓往来』などの刊行
江戸	幕府 **昌平坂学問所**(朱子学中心) 藩学(儒学中心のちに国学・洋学も)‥‥‥ 私塾(儒学・国学・洋学ほか)	寺子屋普及(読み・書き・そろばんなど) **郷学 閑谷学校**(岡山藩1668)など 心学舎(石田梅岩、商業の正当性)

主な藩学

設立地	名称	設立者	年代
萩	明倫館	毛利吉元	1719
熊本	時習館	細川重賢	1755
鹿児島	造士館	島津重豪	1773
福岡	修猷館	黒田斉隆	1784
米沢	興譲館	上杉治憲	1776
秋田	明徳館	佐竹義和	1789
会津	日新館	松平容頌	1799
水戸	弘道館	徳川斉昭	1841

主な私塾

設立地	名称	設立者	内容
岡山	**花畠教場**	熊沢蕃山	陽明学
近江小川	藤樹書院	中江藤樹	陽明学
京都堀川	古義堂	伊藤仁斎	古義学
江戸	蘐園塾	荻生徂徠	古文辞学
大坂	**懐徳堂**	中井甃庵	儒学
江戸	芝蘭堂	大槻玄沢	洋学
豊後日田	咸宜園	広瀬淡窓	儒学
大坂	洗心洞	大塩平八郎	陽明学
大坂	適塾	緒方洪庵	洋学
長崎	鳴滝塾	シーボルト	洋学

[幕府の学校の変遷と東京大学]

蛮書和解御用(1811)…蕃書調所[洋学]──開成学校 ─┐
聖堂学問所(林家主宰)──昌平坂学問所──昌平学校 ─┼─ 大学校(1869.9) ─ 大学南校 / 大学本校 / 大学東校(1869.12) ─ **東京大学**(法医文理)(1877)
(1690) (1797)
種痘所(1858)……西洋医学所[医学]──医学校(1868) ─┘

2 ── 近代教育史

ポイントはこれだ☆ 近代化政策の流れの中で教育史をとらえる。戦前・戦後の学制の比較から近代の教育制度全般を理解する。

1 戦前の教育～国家主義教育の過程

1872	学制公布	フランス風教育制度，自由主義，国民皆学をめざす
1879	教育令	アメリカ風自由主義教育制度，地方の実情に応じた制度
1880	教育令改正	国家主義教育，教育の中央集権化と教育統制を強化
1886	学校令	帝国大学令・中学校令・小学校令・師範学校令の総称
	（森有礼文相）	小学校の義務教育期間4年，国家主義と道徳教育の強調
1890	教育に関する勅語	元田永孚・井上毅の起草，忠君愛国の精神の強調
	小学校令改正	尋常小学校3～4年間の義務教育の明確化
1903	小学校令改正	国定教科書制度(～1947)⇒教育の国家統制進む
1907	小学校令改正	義務教育年限を6年に延長(就学率は1910年98％)
1908	戊申詔書発布	教育を通じて国民道徳の作興をはかる(桂太郎首相)
1918	大学令	私立専門学校の大学への昇格⇒高等教育機関の拡充(原敬首相)
1941	国民学校令	小学校を国民学校と改称，皇国民錬成をめざす戦時体制

2 戦後の教育

教育に関するGHQの指令・勧告	
1945.10	軍国主義的教員の追放
1945.12	①学校から神道教育の排除
	②修身・地理・日本歴史の授業停止，それらの教科書の回収・廃棄
1946.4	アメリカ教育使節団の教育改革勧告

⇒

教育三法

教育基本法(1947) 教育の機会均等，男女共学，義務教育9年制など

学校教育法(1947) 6・3・3・4の新学制発足

教育委員会法(1948) 都道府県・市町村の公選の教育委員(1956に任命制)

3 学制の比較

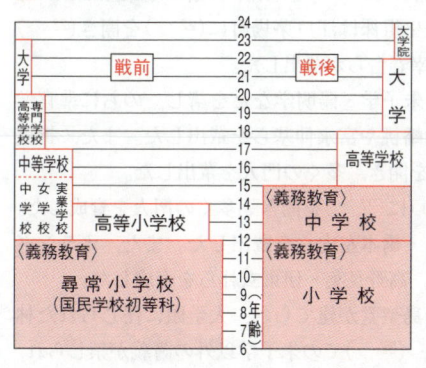

戦前／戦後の学制対照図（大学院・大学・高等専門学校・中等学校・中学校・女学校・実業学校・高等小学校・尋常小学校（国民学校初等科）／大学・高等学校・中学校〈義務教育〉・小学校〈義務教育〉、年齢6～24）

4 私立大学の創立年

慶応義塾 1868〔**福沢諭吉**〕
聖公会立教学校(立教大学) 1874
同志社英学校 1875〔**新島襄**〕
明治法律学校(明治大学) 1881
東京法学社(法政大学) 1879
東京専門学校(早稲田大学) 1882〔**大隈重信**〕
関西法律学校(関西大学) 1886
哲学館(東洋大学) 1887〔井上円了〕
女子英学塾(津田塾大学) 1900〔津田梅子〕
京都法政専門学校(立命館大学) 1900
日本女子大学校 1901〔成瀬仁蔵〕

21 教育史

スピード・チェック

1 ── 古代〜近世の教育史

❶ 奈良時代には，主に官吏を養成するため中央に(1)，地方に(2)がおかれた。また，石上宅嗣は(3)という今日の図書館のような施設をつくり，人々に開放した。

❷ 平安時代になると，大学での学問はさかんになり，儒教を学ぶ明経道のほか，漢文学や史学を学ぶ紀伝(文章)道が重んじられた。有力氏族は，大学に付属する寄宿施設的な(4)を設けて，一族の子弟の勉学の便宜をはかった。

❸ 上記の施設では，(5)の勧学院，(6)の弘文院，(7)の学館院，(8)の奨学院などがある。また，空海は(9)を設けて，庶民のための教育をめざした。

❹ 鎌倉時代になると，幕府の評定衆をつとめた金沢(北条)実時が，武蔵国称名寺に仏典を中心とした蔵書を公開して(10)を設けた。足利氏一族の学校である(11)は，室町時代に関東管領(12)が再興し，ヨーロッパ人に「坂東の大学」と称された。

❺ 中世の庶民教育では，都市の有力商工業者・村の指導者たちも読み・書きが必要となり，日常生活に必要な知識として書簡形式の『(13)』や，日常語句を集めた『(14)』などが刊行されて，初級教科書として利用された。

❻ 江戸時代になり，4代将軍家綱が文治主義へ転換するころから各地に好学の大名がうまれ，儒学者を顧問に藩政の刷新をはかった。中でも岡山藩の池田光政は，郷学(15)を設けるなどした。陽明学者の熊沢蕃山は，私塾(16)を設けた。

❼ 熊沢蕃山の師(17)は，朱子学から陽明学に転じ，格物致知論を究明し，故郷近江小川に(18)を開き，近江聖人と称された。また，天保の飢饉に際して大坂で乱を起こした元大坂町奉行所与力の大塩平八郎は，家塾(19)で陽明学を講じた。

❽ 古学派の伊藤仁斎は，京都堀川に(20)を開いて(21)を唱え，仁斎の子東涯は(20)を継承し，(21)派を大成した。一方，荻生徂徠は江戸茅場町に(22)を開き(23)を唱えた。徂徠の門下からは，経世論の太宰春台らが輩出した。

❾ 大坂町人が出資して設立された(24)は，朱子学・陽明学などを講じ，のちに準官学とされたが，無神論・唯物論を唱えた山片蟠桃や富永仲基らを輩出した。また，折衷学者の広瀬淡窓は，故郷豊後日田に(25)を開き，多くの門人を輩出した。

❿ 杉田玄白・前野良沢に学んだ(26)は，江戸に(27)を開き，多くの門人を育成した。(28)が開いた大坂の(29)は，福沢諭吉・橋本左内らを輩出した。また，オランダ商館医(30)は，長崎郊外に(31)を開き，高野長英・伊東玄朴らを育成した。

⓫ 5代将軍綱吉の文教奨励政策の一環で，湯島聖堂が建てられ，大学頭に任じられた林鳳岡が(32)を主宰した。寛政の改革では，(32)での朱子学以外の講義が禁じられ，のち(32)は官立に改められ(33)と呼ばれた。

⓬ 江戸時代中期以降，諸藩の藩政改革の中で藩学を設立して人材登用を行なう藩も多かった。熊本藩の時習館，米沢藩の(34)，秋田藩の明徳館が設立され，それぞれの藩主は名君と評価された。ほかに会津藩の(35)，水戸藩の(36)などが著名である。

❸ 江戸時代の初等教育では，図1のような(37   )で，日常生活に役立つ教育が行なわれた。また，石田梅岩がおこした(38   )は，商業の正当性や生活倫理をやさしく説き，町人の道徳として広まった。

図1

2── 近代教育史

❶ 明治新政府は，1872年に(39   )に範をとった統一的な(40   )を公布し，国民皆学をめざした。専門教育では，1869年9月に幕府に起源をもつ昌平学校・開成学校・医学校を大学校に統一して，1877年に新たに(41   )として発足させた。

❷ 文部省は，先の法令で国民皆学をめざしたが，この計画は現実とかけ離れていたため，1879年に(42   )風の自由主義教育制度の(43   )に改めた。しかし，これも翌年改正して教育に対する政府の監督を強化し，国家主義教育をめざすようになった。

❸ 1886年文部大臣(44   )は，一連の帝国大学令・師範学校令・中学校令・小学校令の総称(45   )を公布し，とりわけ尋常小学校義務教育を4年以内とした。

❹ 1890年，(46   )・元田永孚の起草による教育に関する勅語が発布され，(47   )が教育の基本と強調された。また，この年，小学校令が改正されて尋常小学校義務教育は3〜4年間と明確化され，高等小学校の修業年限には弾力性がもたされた。

❺ 小学校の教科書は，1886年以来文部省の検定教科書が利用されていたが，1902年の教科書疑獄事件を契機に，1903年から(48   )にかわった。また，1907年には尋常小学校義務教育は(49   )に延長され，就学率は1910年には98％に達した。

❻ 1908年桂首相は，日露戦争後に国民の間に芽生えた個人主義的・享楽的傾向を思想・風紀の悪化として，その是正のために(50   )を発し，節約・勤勉を強調し，教育を通じて国民道徳の作興をはかろうとした。

❼ 福沢諭吉が創立した(51   )，新島襄が創立した(52   )，大隈重信が創立した(53   )などの私立専門学校が発達し，独自の学風を誇った。1918年原内閣は，大学令を公布し，これらの私立専門学校を大学に昇格させ，高等教育機関の拡充をはかった。

❽ 中国との戦争が長期化する中，新体制運動が展開され，1941年には小学校を(54   )に改め，皇国民錬成がめざされた。さらに日米開戦後の1943年には学徒出陣，翌年には学生を勤労動員させるなど，教育制度や学生・生徒も戦争遂行のために利用された。

❾ 日本の敗戦後，1945年10月にGHQは，幣原首相に五大改革指令を発し，軍国主義教員の追放からはじまって，同年12月には(55   )・地理・日本歴史の授業を一時禁止し，のちにこれらにかわって社会科が設置された。

❿ 1946年のアメリカ教育使節団の勧告を受けて，翌年に(56   )を制定し，教育の機会均等・男女共学・義務教育(57   )などを定めた。同時に制定された(58   )では，6・3・3・4の新学制が発足した。

⓫ さらに1948年には，都道府県・市町村に公選による(59   )が設けられた。しかし，これは1956年に改正されて，地方自治体の首長による(60   )に切りかえられた。

22 芸能・演劇史

1 —— 演劇の歴史

ポイントはこれだ☆ 能楽は室町期，浄瑠璃は元禄期に注目する。歌舞伎は，俳優・脚本などに注意して流れをおさえる。また，近代演劇は新劇の流れを知る。

能楽の成立	飛鳥奈良	楽舞（例伎楽・林邑楽）の大陸からの流入⇨雅楽（宮廷音楽）へ発展 散楽（例曲芸・物真似・奇術）の大陸からの流入⇨猿楽へ発展
	院政期	猿楽（雅楽・神楽の余興）・田楽（田植え時の歌舞）の発達 歌謡の流行…今様（後白河法皇撰『梁塵秘抄』），催馬楽，傀儡
	室町	能（楽）の成立(北山文化)…猿楽・田楽が猿楽能・田楽能に発展 　大和猿楽四座…観世・宝生・金春・金剛座　脚本：謡曲　幕間：狂言 　能の大成…観阿弥・世阿弥『風姿花伝』『申楽談儀』の観世能が発展 　庶民芸能の流行…歌謡の一般化：小歌『閑吟集』 舞・踊り：曲舞⇨幸若舞，風流（踊り）＋念仏踊り⇨盆踊りの定着
	桃山	小歌節…高三隆達の隆達節

	浄瑠璃の歴史
室町	古浄瑠璃のはじまり…『浄瑠璃姫物語』
桃山	浄瑠璃節の発展…三味線の伴奏＋操り人形⇨人形浄瑠璃の流行
元禄	人形浄瑠璃の確立 義太夫節　竹本義太夫が創始 脚本　近松門左衛門…〔時代物〕『国性爺合戦』，〔世話物〕『曽根崎心中』『心中天網島』『冥途の飛脚』 人形遣い　辰松八郎兵衛
宝暦・天明	人形浄瑠璃の発展と派生 脚本　竹田出雲『仮名手本忠臣蔵』『菅原伝授手習鑑』，近松半二『本朝廿四孝』 唄浄瑠璃への移行　常磐津節，新内節，清元節，一中節

	歌舞伎の歴史
桃山	阿国歌舞伎…出雲阿国のかぶき踊り
寛永・元禄	歌舞伎の変遷…女歌舞伎⇨若衆歌舞伎⇨野郎歌舞伎 歌舞伎の隆盛…荒事：初代市川団十郎〔江戸〕　和事：坂田藤十郎〔上方〕　女形：芳沢あやめ〔上方〕
宝暦・天明	芝居小屋の発達…回り舞台・せり上り・桟敷席・花道の設置⇨江戸三座（中村・市村・森田座）
化政・幕末	脚本　〔生世話物〕鶴屋南北『東海道四谷怪談』，〔白浪物〕河竹黙阿弥『白浪五人男』 俳優　7代目市川団十郎
明治	演劇改良運動の展開…脚本：河竹黙阿弥の散切物・活歴物，坪内逍遙『桐一葉』（新史劇） 俳優：団菊左時代の現出（9代目市川団十郎・5代目尾上菊五郎・初代市川左団次） 劇場：歌舞伎座の創設

22 芸能・演劇史

近代演劇の発展	新派劇		新劇		その他
	特色 写実的で大衆的な現代劇		特色 西洋近代演劇を摂取		宝塚少女歌劇
	起源 壮士芝居 ‖ 例 川上音二郎のオッペケペー節		1期	文芸協会…坪内逍遙・島村抱月が創設 自由劇場…2代目市川左団次・小山内薫が創設	
			2期	芸術座…島村抱月・松井須磨子らが創設 ⇨新国劇(沢田正二郎らの大衆劇)の派生 築地小劇場…小山内薫・土方与志らが創設	

2── 書道・茶道・花道・香道の歴史

ポイントはこれだ☆ 書道は唐風の三筆、和様の三蹟を中心に覚える。茶道は侘茶を村田珠光・武野紹鷗・千利休の流れから理解する。

書道の歴史

弘仁・貞観	唐風の発達…**三筆**の出現 ⇩ 嵯峨天皇、橘逸勢、空海(『**風信帖**』、書風は大師流)
国風	和様の発達…**三跡(蹟)** の出現 小野道風(『屛風土台』) 藤原佐理(『**離洛帖**』) 藤原行成(『白氏詩巻』)
鎌倉・室町	世尊寺流…藤原行成の末流 **青蓮院流**…**尊円入道親王**(『鷹巣帖』) →御家流へ発展
江戸	御家流…青蓮院流から発展

花(華)道の歴史

室町	背景 供花(仏前に供える花)の日常化 花道(生花)の成立…**立花**様式の確立⇨ 名人:立阿弥、池坊専慶(京都頂法寺の僧)
桃山	池坊流の発展…16世紀:池坊専応⇨池坊専好(立花の大成)

茶道の歴史

鎌倉	喫茶の流行…栄西が中国からもたらし、『喫茶養生記』を著す
室町	茶道(茶の湯)の成立…背景:闘茶(茶の味を飲み分けて勝負を争う)や**茶寄合**の開催 侘茶の創出…書院の茶ではなく、草庵の茶をさす **村田珠光**が創始⇨**武野紹鷗**に継承
桃山	茶道の大成…**千利休**により、草庵の茶室・侘茶が大成 茶人:千利休・織田有楽斎・小堀遠州・古田織部・今井宗久・津田宗及 茶室:**妙喜庵茶室(待庵)**〔千利休〕・如庵〔織田有楽斎〕 秀吉による受容 **北野大茶湯**の開催(1587)、黄金の茶室の建築

香道の歴史

平安	薫物や空薫物が起源⇨薫物合
鎌倉	香木をたく風習の一般化
室町	聞香のための香寄合の盛行

22 スピード・チェック
芸能・演劇史

1 ── 演劇の歴史

図1　図2　図3

❶ 図1は，612年百済の味摩之が伝えた(1　)で用いられた面である。このほか，奈良時代になると，曲芸・物真似などの(2　)も唐から伝来し，のち(3　)に発展した。

❷ 院政期になると，(3　)のほか，図2にある(4　)も発達した。また(5　)と呼ばれる民間歌謡も流行し，それを集めた『梁塵秘抄』を(6　)が編んだ。

❸ 室町時代になると，(3　)や(4　)は能として発達した。特に大和(3　)の(7　)・結崎・宝生・金剛の4座は大和(3　)四座と呼ばれ，その中心であった。

❹ 観阿弥・世阿弥の出現により，結崎座は(8　)座と改称し，図3にある(8　)能を発展させた。特に世阿弥は，能の芸術論である『(9　)』を著し，能を大成させたほか，能の脚本である(10　)も数多く書いた。

❺ 能の幕間には，風刺性の強い喜劇である(11　)が演じられた。

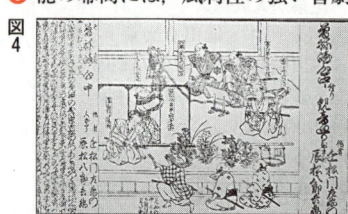

図4　図5　図6

❻ 桃山文化において，古浄瑠璃は(12　)の伴奏と操り人形とが結合して，(13　)へと発展した。

❼ 元禄文化において，義太夫節を創始した(14　)の出現は，(13　)を確立させた。図4は，近松門左衛門の最初の(15　)の作品である，徳兵衛とお初の心中をあつかった『(16　)』が上演されているところで，人形遣いは名手(17　)である。

❽ 18世紀前半，近松の指導を受けた(18　)は，『仮名手本忠臣蔵』などのすぐれた作品を残し，近松の養子(19　)は『本朝廿四孝』を著した。しかし，浄瑠璃は歌舞伎に圧倒されるようになり，常磐津節などのように座敷でうたわれる(20　)に移った。

❾ 歌舞伎は，図5にある(21　)のかぶき踊りからはじまった。江戸時代に入り，女歌舞伎や(22　)が禁止となったため，17世紀半ばから野郎歌舞伎となった。

❿ 図6の人物は，上方歌舞伎で活躍した(23　)で，勇壮活発な立回りをする(24　)とは違い，和事(恋愛劇)を得意とした。

図7
図8

⓫ 図7は，(25)の劇場内部の図である。(25)は市村座・森田座とともに江戸三座と呼ばれ，歌舞伎の繁栄に寄与した。その後，『東海道四谷怪談』を書いた(26)の生世話物，盗賊を主人公にした河竹黙阿弥の(27)は，その人気を高めた。
⓬ 明治中期の3人の人気俳優による歌舞伎全盛時代は，(28)と呼ばれた。
⓭ 明治の演劇は，オッペケペー節の(29)らの壮士芝居を起源とする(30)と新劇とに分かれる。図8は，坪内逍遥・(31)が創設した文芸協会が上演した翻訳劇『人形の家』の場面で，主役を演じた(32)は大スターとなった。
⓮ 文芸協会に対抗して自由劇場をおこした(33)は，1924年，新劇運動の拠点として，(34)を土方与志とともに創設した。

2 ── 書道・茶道・花道・香道の歴史

図9
図10
図11

❶ 図9は空海が最澄へ書いた手紙『(35)』の冒頭である。弘仁・貞観期にはこの空海と嵯峨天皇・(36)の三筆と呼ばれる書の名人が出現し，(37)の書道が発達した。
❷ 国風文化の書道では和様が発達し，(38)・藤原佐理・藤原行成の(39)と呼ばれる名人が出現した。特に佐理の手紙『(40)』は有名である。
❸ 鎌倉時代に入ると，和様をもとに(41)によって(42)流が創始された。これは，江戸時代の御家流に受け継がれていった。
❹ 鎌倉時代，(43)がもたらし流行した喫茶は，室町時代に茶の湯として成立した。南北朝時代には茶寄合や，茶の異同を飲み分けてかけ物を争う(44)も流行した。また(45)により茶室で心の静けさを求めた(46)が創出された。
❺ (46)は，(45)のあと，(47)が引き継ぎ，千利休が桃山文化において大成させた。図10は，利休がつくったとされる茶室(48)である。このほか，信長の弟(49)が設けた如庵などが，有名な茶室建築の遺構である。
❻ 1587年，秀吉は利休らを中心に(50)を開き，民衆を数多く参加させた。
❼ 生花は，図11のように座敷の床の間に飾る(51)様式が室町時代に定まり，花道の基礎がつくられた。特に京都頂法寺の(52)は，(51)の名手として知られた。

23　宗教史Ⅰ

> **ポイントはこれだ☆**　仏教は，仏教の伝来と推古朝での興隆，古代仏教における国家仏教と密教，浄土教の成立，中世における新仏教の成立と禅宗の興隆に注目する。

1 ── 仏教の伝来と興隆

仏教の伝来	欽明天皇の時，百済の聖明王が仏像・経論を伝える……552年説『日本書紀』 538年説『上宮聖徳法王帝説』『元興寺縁起』
仏教の興隆	崇仏論争……〔崇仏派〕蘇我稲目 vs〔排仏派〕物部尾輿 ⇨ 物部氏の滅亡 推古朝…蘇我馬子・厩戸王(聖徳太子)らの保護による仏教の発展 ①仏法興隆の詔(594)　②憲法十七条……「篤く三宝(仏教)を敬へ」 ③氏寺の建立　蘇我氏：飛鳥寺(法興寺)　舒明天皇：百済大寺 　　　　　　厩戸王(聖徳太子)：四天王寺・法隆寺(斑鳩寺)

2 ── 奈良・平安時代の仏教

奈良時代	国家仏教として発展……**鎮護国家**の思想 ①**南都六宗**の形成…三論・成実・法相(義淵・道慈・行基)・倶舎・華厳(良弁，東大寺)・律(**鑑真**，唐招提寺) ※本朝三戒壇…東大寺・筑紫観世音寺・下野薬師寺 ②南都七大寺の発展…大安・薬師・法隆・東大・元興・興福・西大寺 ③**国分寺建立の詔**(741)…聖武天皇 　※正式名称…国分寺：金光明四天王護国之寺　国分尼寺：法華滅罪之寺 ④**大仏造立の詔**(743)…東大寺に盧舎那仏 ⇨ 開眼供養(752) ⑤その他…**行基**による布教と社会事業への貢献，僧尼令(私度僧の禁止) 護国の経典(金光明経・仁王経・法華経)，神仏習合思想の出現

	宗派	開祖	著書	中心寺院	
平安時代　弘仁・貞観　国風	天台宗	**最澄** (伝教大師)	『顕戒論』	比叡山延暦寺	台密
	真言宗	**空海** (弘法大師)	『三教指帰』	高野山金剛峰寺 教王護国寺(東寺)	東密

密教の発達…顕教に対し，加持祈禱に努め，現世利益を期待，大日如来を信仰

⇨ 山門派　円仁(慈覚大師)
　　寺門派　円珍(智証大師)　⇨ 園城寺へ

浄土教の流行…阿弥陀仏を信仰し，極楽浄土への往生を願い，念仏を唱える
①布教…**空也**(市聖，六波羅蜜寺に木像)，**源信**(恵心僧都)『往生要集』
②末法思想の発展…正法・像法・末法(永承7・1052年に末法の世へ)
③往生伝の作成…慶滋保胤『日本往生極楽記』，三善為康『拾遺往生伝』
神仏習合の発展…例神社に神宮寺を建設，寺院に鎮守(守護神)を祀る
本地垂迹説…神は仏の仮の姿(権現)とし，神々に本地仏を定めた

3 ── 中世の仏教

<table>
<tr><td rowspan="7">鎌倉時代</td><td rowspan="6">新仏教の成立</td><td>宗派</td><td>開祖</td><td>主要著書</td><td>中心寺院</td><td colspan="2">教　え</td></tr>
<tr><td>浄土宗</td><td>法然</td><td>『選択本願念仏集』</td><td>知恩院</td><td colspan="2">専修念仏(南無阿弥陀仏)</td></tr>
<tr><td>浄土真宗</td><td>親鸞</td><td>『教行信証』</td><td>本願寺</td><td colspan="2">悪人正機(唯円『歎異抄』)</td></tr>
<tr><td>時宗</td><td>一遍</td><td>『一遍上人語録』</td><td>清浄光寺</td><td colspan="2">踊念仏，遊行による布教</td></tr>
<tr><td>日蓮宗</td><td>日蓮</td><td>『立正安国論』</td><td>久遠寺</td><td colspan="2">題目(南無妙法蓮華経)</td></tr>
<tr><td>臨済宗</td><td>栄西</td><td>『興禅護国論』</td><td>建仁寺</td><td rowspan="2">禅宗…修行は坐禅</td><td>公案問答</td></tr>
<tr><td>曹洞宗</td><td>道元</td><td>『正法眼蔵』</td><td>永平寺</td><td>只管打坐</td></tr>
<tr><td colspan="2">旧仏教</td><td colspan="6">法相宗…貞慶(解脱)　華厳宗…明恵(高弁)　天台宗…慈円『愚管抄』
律宗…叡尊(思円)・忍性(良観・北山十八間戸の建設)</td></tr>
<tr><td rowspan="4">室町時代</td><td colspan="7">禅宗(臨済宗)の興隆…夢窓疎石の活躍，五山・十刹の制(官寺の制にならう)
　京都五山…南禅(五山の上)，天竜・相国・建仁・東福・万寿寺　　　　　　　　
　鎌倉五山…建長(蘭溪道隆)・円覚(無学祖元)・寿福・浄智・浄妙寺　　}僧録が管理
　林下…五山派に対抗⇨曹洞：永平・総持寺，臨済：大徳(一休宗純)・妙心寺</td></tr>
<tr><td colspan="3">浄土真宗
(一向宗)</td><td>蓮如…御文で布教</td><td>吉崎道場(越前)
石山・山科本願寺</td><td colspan="2">門徒(信者)による講の結成
⇨加賀の一向一揆</td></tr>
<tr><td colspan="2">日蓮宗(法華宗)</td><td colspan="2">日親…『立正治国論』</td><td>法華一揆</td><td colspan="2">(天文法華の乱で弾圧)</td></tr>
</table>

4 ── 近世・近代の仏教

<table>
<tr><td>安土桃山</td><td colspan="2">織田信長による仏教弾圧…比叡山延暦寺焼打ち(1571)，石山本願寺攻め〔石山戦争〕(1570～80)，伊勢長島・越前の一向一揆の鎮圧</td></tr>
<tr><td>江戸</td><td colspan="2">仏教の保護と統制
　①寺社行政…金地院崇伝⇨寺社奉行による支配
　②本末制度…本山・末寺の組織化
　③寺院法度⇨諸宗寺院法度(1665)
　④寺請制度…一家一寺に固定し，各自檀那寺をもつ(寺檀制度)。寺は檀徒を所属させ，寺請証文を発行
　⑤黄檗宗の伝来…隠元隆琦(万福寺・崇福寺)
　⑥日蓮宗不受不施派の弾圧
　⑦宗門改め…禁教目的の信仰調査，宗門改帳に記載</td></tr>
<tr><td>明治</td><td colspan="2">仏教への弾圧
　神仏分離令による神仏混淆の禁止…廃仏毀釈の嵐
　　⇨仏教の覚醒運動の促進…島地黙雷(自由信仰論)・井上円了の努力</td></tr>
</table>

23 スピード・チェック
宗教史Ⅰ

1 —— 仏教の伝来と興隆，奈良・平安時代の仏教

図1 図2 図3

❶ 崇仏論争に勝利した(1 　)は，蘇我氏隆盛の基礎を築いた。蘇我氏は，一族の帰依する(2 　)として(3 　)〔法興寺〕を建立したが，その旧跡安居院に遺存するのが図1である。

❷ 仏教の伝来は(3 　)の建立の半世紀ほど前で，『(4 　)』や『元興寺縁起』によれば，538年に百済の(5 　)から仏像・経論が伝えられたとされている。

❸ 推古朝になり，図2の人物と蘇我馬子により，仏教保護の政策がとられた。図2の人物は摂津に(6 　)，大和に法隆寺建立を発願した。

❹ 奈良時代，(7 　)と呼ばれる諸学派が成立した。図3はその1つ律宗を伝えた(8 　)で，759年に(9 　)を創建した。このほか(10 　)・薬師・元興・興福・法隆・東大・西大寺のいわゆる南都七大寺が発展し，華厳宗の(11 　)は東大寺建立に活躍した。

図4 図5 図6

❺ 奈良仏教は，(12 　)の思想のもと，国家仏教として発展した。そのため聖武天皇は，正式名称を(13 　)という国分寺を国ごとに建立させ，さらに2年後，(14 　)を発して図4の盧舎那仏を東大寺につくりはじめた。

❻ 平安時代，(15 　)により天台宗が開かれ，その中心は(16 　)〔～山～寺と答える〕であった。黄不動と呼ばれる不動明王像がある(17 　)は，10世紀以降の天台宗(18 　)派の総本山で，円仁と対立した円珍によって再興された。

❼ 加持祈禱につとめ，現世利益を期待する(19 　)には天台宗のほか真言宗がある。天台宗の台密に対し，(20 　)と呼ばれ，京都には図5の曼荼羅をもつ(21 　)が開かれた。

❽ 図6は，京都の(22 　)にある，康勝によってつくられた(23 　)の像である。(23 　)は『(24 　)』を著した源信と同様，(25 　)思想により強められた浄土教の教えを説いた。(26 　)の『日本往生極楽記』をはじめとする往生伝も多くつくられた。

2 ── 中世〜近世の仏教

図7　図8　図9

❶ 図7は，時宗を開いた（27　）と弟子たちによる（28　）を描いたものである。この時期には，（29　）の教えを説いた親鸞の浄土真宗や『（30　）』を著した日蓮の日蓮宗が広まった。

❷ 鎌倉新仏教に対し，旧仏教でも（31　）宗の明恵（高弁）や（32　）という救済施設を建てた律宗の忍性らが出て，多くの人々に影響を与えた。

❸ 図8は，（33　）を開祖とする臨済宗で坐禅を行なう際に与えられる問題の（34　）を題材とした禅機画である。また禅宗には，ひたすら坐禅を行なう（35　）を特徴とする曹洞宗もあり，『（36　）』を著した道元によって開かれた。

❹ 図8を所蔵する退蔵院がある（37　）は，五山派に対抗して自由な活動につとめた臨済宗系の（38　）の1つである。（38　）には，このほか（39　）が住持をした大徳寺がある。

❺ 禅宗様の代表的建築物の図9がある寺は，（40　）によって鎌倉時代に開かれた。室町時代になり，足利尊氏が帰依した（41　）などの努力により臨済宗が興隆したため，（42　）が開いた建長寺とともにこの寺は鎌倉五山の1つとなった。

図10　図11

❻ 図10は，越前の寺内町である（43　）を表わしたものである。ここは1471年，室町時代に浄土真宗（一向宗）を広めた（44　）によって開かれた。

❼ 浄土真宗は，（44　）が書いた（45　）などで説かれて広まったが，同様に広まった日蓮宗（法華宗）は（46　）の布教による力が大きかった。その後，両宗派ともに一揆を結んでいくが，1536年の（47　）のように，延暦寺などの反撃を受けることもあった。

❽ 図11の寺は，1654年に来日した（48　）によって開かれた（49　）の本山である。特にこの写真にある大雄宝殿は，伽藍中最大の仏殿で，中国式建築の特色がみえる。

❾ （49　）が開かれた6年後，江戸幕府は宗派をこえた仏教寺院の僧侶全体を共通に統制するための（50　）を出した。そのうえ寺院は，将軍直属の（51　）によって行政・司法面が支配され，日蓮宗（52　）のように弾圧を受けるものもあった。

24 宗教史Ⅱ

ポイントはこれだ☆ 仏教以外の宗教史では，神道史・キリスト教史・民間宗教史が重要。特に近世・近代の出題が多い大学では注意を要する。

1 ── 神道の歴史

古代	自然神や氏神(祖先神)の信仰　①社の造営…例**伊勢神宮**(天照大神)・出雲大社(大国主神)・住吉大社(海神)　②**祭祀遺跡**…大神神社(三輪山)・宗像大社の沖津宮(沖ノ島)　③風習…**盟神探湯**，**太占の法**，禊，祓
奈良	**神仏習合**思想の出現⇦中国の影響
平安	神道の形成　神仏習合の広まり…神宮寺の建設，僧形八幡神像の制作 　⇨**本地垂迹説**の発生…権現思想(蔵王・熊野)による本地仏の想定 　⇨発展…〔天台宗系〕山王(日吉)神道，〔真言宗系〕両部神道
鎌倉	**神本仏迹説**(反本地垂迹説)の発生　**伊勢神道**…**度会家行**(『類聚神祇本源』)が提唱
室町	神本仏迹説の発展　**唯一神道**…**吉田兼倶**が大成，儒教・仏教の受容
江戸	神社の統制　**諸社禰宜神主法度**(1665)…吉田家が本所として統制 神道の分派 　①**垂加神道**…**山崎闇斎**(崎門学)の創始，唯一神道と儒学を融合 　②吉川神道…吉川惟足が提唱　③**復古神道**…**平田篤胤**が提唱，古道の明確化 　④**教派神道**…幕末におこった民衆宗教　例天理教(中山みき)・金光教(川手文治郎)・黒住教(黒住宗忠)・神道禊教(井上正鉄)
明治	神道国教化の推進 　①**神仏分離令**(1868)…神仏混淆の禁止⇨**廃仏毀釈**の風潮 　②神祇官の設置(1869)⇨神祇省へ格下げ(1871)⇨教部省(1872) 　③**大教宣布の詔**(1870)…宣教使による神道国教化の推進 　④神社制度の成立(1871)…神社神道を**国家神道**として保護 　　⇨社格制度の制定…官社(官幣社・国幣社)と諸社に大別 　⑤祝祭日の制定(1873)…紀元節(2月11日)・天長節(11月3日) 　⑥神社合祀令(1906)…神社合祀政策による神社への国家管理の強化 その他 　①教派神道の公認　②大本教…神道系宗教団体，出口なおが創始 　③招魂社の建立(1869)⇨靖国神社と改称(各地の招魂社は護国神社と改称)
昭和	皇民化政策　朝鮮神宮などへの神社参拝の強要，宗教団体法(1939)による規制
戦後	国家神道　①**神道指令**〔国家と神道の分離指令〕(1945)⇨神社本庁の結成 の消滅　②天皇の「**人間宣言**」(1946)…神格否定宣言　③宗教法人法(1951)

2 ── 日本におけるキリスト教の歴史

伝来	①**フランシスコ＝ザビエル**(イエズス会〔耶蘇会〕宣教師)の鹿児島来日(1549) ②宣教師の来日…ガスパル＝ヴィレラ(『耶蘇会士日本通信』) 　　　　　　　　　　ルイス＝フロイス(『日本史』)，オルガンチノ
普及	〔普及の理由〕大名の貿易振興策，仏教諸宗の無力さ，宣教師の熱意 ①**キリシタン大名**の出現…大友義鎮(宗麟)・大村純忠・有馬晴信 ②**天正遣欧使節**の派遣(1582〜90)…ヴァリニャーニ(活字印刷機を伝える)の意見により，伊東マンショ・千々石ミゲルらをローマ教皇のもとへ派遣 ③布教施設…セミナリオ(神学校)・コレジオ(宣教師養成学校)・南蛮寺(教会堂)
弾圧	①**バテレン追放令**(1587)…豊臣秀吉が発した宣教師の国外追放令 　　　　　　　　背景：長崎をイエズス会に寄付⇨大名の入信許可制 ②**サン＝フェリペ号事件**〔土佐〕(1596)⇨26聖人殉教〔長崎〕
禁教	①**禁教令**…最初幕領に発し(1612)，翌年全国に及ぼす ②キリシタンの国外追放(1614)…高山右近　③元和の大殉教〔長崎〕(1622) ④**島原の乱**(1637〜38)…益田(天草四郎)時貞らのキリシタン百姓一揆
禁教の徹底	〔目的〕隠れキリシタンの検出 ①**絵踏**(長崎)…踏絵の使用 ②**寺請制度**…一家は必ず檀那寺の檀徒となり，寺請証文を受ける ③**宗門改め**…宗門改帳(宗旨人別帳)への記載　④人別改め…人口調査
禁教の撤廃	①**五榜の掲示**(1868)…キリスト教を邪宗門として厳禁 ②**浦上教徒弾圧事件**(1868)…大浦天主堂の落成時に信仰が発覚し，流罪 ③キリスト教禁止の高札撤廃(1873)…浦上教徒弾圧事件に対する外国の抗議
布教の自由化	①宣教師の来日…ヘボン(『和英語林集成』)・フルベッキ ②各地における布教の活発化⇨信徒集団(バンド)の結成 　　札幌バンド　札幌農学校のクラークの影響⇨内村鑑三・新渡戸稲造らを輩出 　　熊本バンド　熊本洋学校のジェーンズの影響⇨海老名弾正らが中心 　　横浜バンド　日本基督公会の設立　ブラウンの神学塾　植村正久らを育成 ③その他…**内村鑑三不敬事件**(1891)，ミッション＝スクールの設立

3 ── 民間宗教史

平安	①**修験道**	山伏に代表される山岳信仰と密教との結合
	②**御霊信仰**	**御霊会**の開催…祇園社(八坂神社)・北野社
	③**陰陽道**の発展	陰陽五行説にもとづく⇨物忌・方違
	④熊野詣・高野詣	熊野三社・金剛峰寺への参詣⇨鎌倉期には民衆化
室町	諸信仰の発展	地蔵信仰・観音信仰・七福神信仰
江戸	①寺社参詣の流行	伊勢神宮・善光寺・金毘羅宮，巡礼(四国八十八カ所)
	②民間信仰の隆盛	日待・月待，**庚申講**(青面金剛を刻む庚申塔の設置)，五節句，彼岸会，盂蘭盆会
	③宗教的民衆運動	**御蔭参り**(伊勢神宮への集団参詣)，ええじゃないかの乱舞

24 宗教史Ⅱ

スピード・チェック

1 ── 神道の歴史

図1
図2

❶ 平安時代になると（1　）の動きが広まり，神社の境内に（2　）を建てることなどが行なわれた。また図1は（3　）といわれ，（1　）の表われの1つである。
❷ 平安中期には，（1　）の風潮の広まりを受け，神は仏の仮の姿とする（4　）がうまれた。こののち，（5　）のような真言宗の立場で体系化された神道もうまれた。
❸ 図2は，天照大神を祀る（6　）である。このような祖先神である氏神や福岡県の（7　）の沖津宮のように，自然神を祀る社が古くから建てられた。
❹ 鎌倉時代になり，図2の外宮の神職であった（8　）は，神を主とし，仏を従とする（9　）を唱え，『（10　）』を著した。これは伊勢神道と呼ばれた。
❺ 室町時代，（9　）にもとづいた唯一神道が（11　）によって大成された。江戸時代になると，（12　）が唱えた吉川神道をはじめ，伊勢・唯一神道も土台とした道徳性の強い（13　）が，（14　）によって創始された。

図3
図4

❻ 図3は，江戸時代に流行した（15　）と呼ばれる伊勢神宮への集団参詣の絵で，特に幕末には社会不安の増大から，のちに（16　）と呼ばれる民衆宗教とともにもっとも流行した。この時期，（17　）の提唱した復古神道が，尊王攘夷論に大きな影響を与えた。
❼ 幕末期に創始された（16　）としては，（18　）がはじめた天理教，川手文治郎がはじめた（19　）などがある。
❽ 1868年，神道国教化の方針を打ち出した明治新政府は，（20　）を出して神仏混交を禁じた。図4は，そのために全国に及んだ（21　）運動を表わしたものである。
❾ 新政府は，1870年に（22　）を発して天皇の名の下に神道国教化の推進を表明し，1871年には神社制度を，72年には11月3日を（23　）とするなどの祝祭日を制定した。

2 ── 日本におけるキリスト教の歴史, 民間宗教史

図5　図6　図7

❶ 図5は，豊後を領地とする戦国大名(24　)のローマ字印章である。彼はキリスト教に入信したいわゆる(25　)で，1582年には宣教師(26　)のすすめにより，少年使節をローマ教皇のもとに派遣した。この使節を(27　)と呼んでいる。

❷ 1549年，(28　)会の宣教師フランシスコ＝ザビエルが鹿児島に来日して伝わったキリスト教は，(24　)らの保護を受けた。宣教師たちは，(29　)と呼ばれる教会堂や(30　)と呼ばれる宣教師養成学校などの布教施設をつくり，積極的に布教活動を行なった。

❸ キリスト教が普及し，(31　)がイエズス会に寄付されると，豊臣秀吉は1587年宣教師の国外追放を指令した(32　)を出し，弾圧をはじめた。1596年，土佐で起こった(33　)では，宣教師・信者をとらえ長崎で処刑した(図6)。これを(34　)と呼ぶ。

❹ 幕府は，1614年に前明石城主の(35　)をマニラに追放，1622年には長崎で多くの信徒を処刑し(36　)と呼ばれた。また，キリスト教徒根絶のため図7の(37　)を実施した。

❺ 江戸幕府は，(37　)のほか，寺院に一般民衆を檀徒として所属させ，キリシタンでないことを証明する(38　)を定め，(39　)という信仰調査も実施した。

図8　図9　図10

❻ 1865年，図8の教会の落成時に，キリスト教信仰を告白した人々がとらえられる(40　)が起こった。しかし，列国の抗議を受けた明治政府は，(41　)で掲げたキリスト教禁止の高札を撤廃した。この廃止は西暦(42　)年のことである。

❼ 図9の人物とともに，札幌農学校でクラークの影響を受けたものに不敬事件を起こした(43　)がおり，彼らは札幌バンドを結成した。また熊本では，熊本洋学校の(44　)の影響を受け，のち同志社総長になった(45　)らが熊本バンドを結成した。

❽ 図10は江戸時代に招福除災のため，特定の日に夜眠らずにいる集まりである(46　)の人々が建てた塔で，中心には(47　)が刻まれている。この時期，特定の月齢日に集まって月の出を拝む(48　)など，多くの民間信仰が存在した。

25 美術史Ⅰ（絵画・彫刻）

> **ポイントはこれだ☆** 中世までは，仏教を中心に展開した各時代の特徴的な彫刻の技法や，絵画表現を理解する。近世は浮世絵や装飾画など分野の広がりに着目。特に美術史は，近代以前は中国文化，近代以降では欧米文化の影響に注意する。

1 ── 古代〜中世の絵画・彫刻史

〔　〕内は作者

時代	特徴	分類	作品
飛鳥	北魏様式ほか，南北朝の影響	彫刻	金銅像　法隆寺釈迦三尊像〔鞍作鳥〕，飛鳥寺釈迦如来像 木像　法隆寺百済観音像，法隆寺夢殿救世観音像 　　　中宮寺半跏思惟像，広隆寺半跏思惟像
		絵画	法隆寺玉虫厨子須弥座絵・扉絵（密陀絵）
白鳳	写実的 初唐の影響	彫刻	金銅像　興福寺仏頭（旧山田寺薬師三尊の中尊） 　　　　薬師寺金堂薬師三尊像，薬師寺東院堂聖観音像
		絵画	法隆寺金堂壁画，高松塚古墳壁画
天平	人間的 豊麗 盛唐の影響	彫刻	塑像　東大寺日光・月光菩薩像，東大寺法華堂執金剛神像 　　　東大寺戒壇堂四天王像，新薬師寺十二神将像 乾漆像　興福寺八部衆像，東大寺法華堂不空羂索観音像 　　　　興福寺十大弟子像，唐招提寺鑑真像
		絵画	薬師寺吉祥天像，正倉院鳥毛立女屏風，過去現在絵因果経
弘仁 貞観	密教の隆盛 神秘的	彫刻	**一木造・翻波式**　元興寺薬師如来像，神護寺薬師如来像 室生寺弥勒堂釈迦如来坐像，観心寺如意輪観音像 法華寺十一面観音像，薬師寺僧形八幡神像
		絵画	神護寺両界曼荼羅，園城寺不動明王像（黄不動）
国風 院政期	日本化 優美 浄土教の発達	彫刻	**寄木造・和様（定朝が大成）**　平等院鳳凰堂阿弥陀如来像 高野山聖衆来迎図，平等院鳳凰堂扉絵
		絵画	**大和絵**（唐絵に対して日本的画題）⇒※絵巻物の発達 装飾経　『扇面古写経』，厳島神社平家納経
鎌倉	宋・元の影響 剛健	彫刻	**寄木造・玉眼使用（奈良仏師慶派）**　東大寺重源上人像 **東大寺南大門金剛力士像**，興福寺無著・世親像 六波羅蜜寺空也上人像，興福寺天灯鬼・竜灯鬼像
		絵画	似絵　伝『源頼朝像』伝『平重盛像』〔藤原隆信〕　頂相（禅宗肖像）
室町	禅宗 枯淡	絵画	水墨画　明兆・如拙・周文⇒**雪舟**が日本的水墨画を大成 『瓢鮎図』〔如拙〕，『四季山水図巻』『秋冬山水図』〔雪舟〕 大和絵　土佐光信⇒**土佐派**，狩野正信・元信父子⇒**狩野派** 『周茂叔愛蓮図』〔**狩野正信**〕，『大仙院花鳥図』〔伝**狩野元信**〕

98

※絵巻物の発達　院政期は物語を，鎌倉期は寺社縁起・高僧伝を題材にするものが多い
院政期　**『源氏物語絵巻』**，**『伴大納言絵巻』**，『信貴山縁起絵巻』，『鳥獣戯画』
鎌倉期　『平治物語絵巻』，**『北野天神縁起絵巻』**，『春日権現験記』〔高階隆兼〕，『石山寺縁起絵巻』，**『一遍上人絵伝』**，『法然上人絵伝』，**『蒙古襲来絵巻』**（竹崎季長），『男衾三郎絵巻』

2 ── 近世〜近代の絵画・彫刻史

桃山	仏教色の薄れ 豪放華麗	**濃絵**（金箔地に青・緑の彩色）の障壁画（襖・壁・屏風）
		『唐獅子図屏風』〔**狩野永徳**〕，『牡丹図』『松鷹図』〔**狩野山楽**〕，
		『智積院襖絵　桜図』〔長谷川久蔵〕，『山水図屏風』〔**海北友松**〕
		風俗画　『花下遊楽図屏風』〔狩野長信〕，南蛮屏風
		彫刻　仏像彫刻は衰退，立体的な**欄間彫刻**が寺社や書院を飾る
江戸	伝統墨守	狩野派　『大徳寺方丈襖絵』〔**狩野探幽**〕（幕府御用絵師）
		└→夕顔棚納涼図屏風』〔久隅守景〕庶民的画題
(元禄)		土佐派　**土佐光起**（朝廷絵師）
	洗練された町人の文化	住吉派　**住吉如慶・具慶**父子（幕府御用絵師）　『洛中洛外図巻』〔具慶〕
		装飾画　『風神雷神図屏風』〔**俵屋宗達**〕⇨**尾形光琳**〔琳派〕
		『紅白梅図屏風』『燕子花図屏風』『八橋蒔絵螺鈿硯箱』〔光琳〕
		浮世絵　『見返り美人図』（肉筆）〔**菱川師宣**〕浮世絵版画を創始
(宝暦・天明)	浮世絵の発展	└→錦絵　『弾琴美人』〔**鈴木春信**〕多色刷浮世絵版画を創始
		美人画・役者絵　鈴木春信・喜多川歌麿・東洲斎写楽
(化政)	近代への胎動	風景画　『富嶽三十六景』〔**葛飾北斎**〕，『東海道五十三次』〔**歌川広重**〕
		文人画　明・清の南画の影響　『十便十宜図』〔大雅・蕪村〕
		池大雅・蕪村・田能村竹田・渡辺崋山・谷文晁
		写生画　円山応挙（円山派）・呉春（松村月溪）（四条派）
		西洋画　平賀源内・**司馬江漢**・亜欧堂田善・小田野直武
		『不忍池図』〔司馬江漢〕銅版画を創始

		日　本　画	西　洋　画	彫　　刻
明治		フェノロサ・岡倉天心 ⇨**日本美術院**を創立	**明治美術会**（脂派）浅井忠 **白馬会**（外光派）**黒田清輝**	日本の伝統的な木彫 『老猿』〔**高村光雲**〕
		『悲母観音』〔**狩野芳崖**〕	『鮭』〔高橋由一〕	『伎芸天』〔竹内久一〕
		『竜虎図』〔**橋本雅邦**〕	『春畝』『収穫』〔浅井忠〕	西洋の彫塑
		『落葉』『黒き猫』〔菱田春草〕	『読書』『湖畔』〔黒田清輝〕	『坑夫』『女』〔**荻原守衛**〕
		『無我』〔横山大観〕	『海の幸』〔青木繁〕	『墓守』〔朝倉文夫〕
大正・昭和		『生々流転』〔**横山大観**〕	**二科会・春陽会**の創立	『手』〔高村光太郎〕
		『大原御幸』〔下村観山〕	『紫禁城』〔梅原竜三郎〕	『転生』〔平櫛田中〕
		『黒船屋』〔竹久夢二〕	『金蓉』〔安井曽太郎〕	
		『あれ夕立に』〔竹内栖鳳〕	『麗子微笑』〔岸田劉生〕	

スピード・チェック

25 美術史Ⅰ（絵画・彫刻）

1── 古代〜中世の絵画・彫刻史

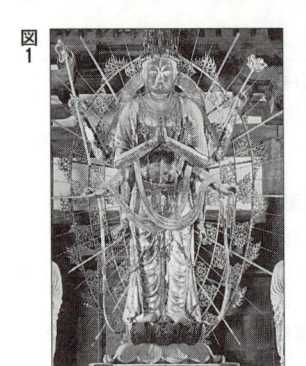

図1　図2　図3

❶ 飛鳥文化の代表的な彫刻は，法隆寺にある北魏様式の金銅像で鞍作鳥作の(1　　)，木像では同じく法隆寺にある南朝（南梁）様式の日本で造られたとみられる(2　　)などがある。また，絵画では(3　　)の須弥座や扉に経文を題材にした密陀絵が描かれている。

❷ 白鳳文化の代表的な彫刻は，(4　　)で，もとは山田寺の薬師三尊の中尊であり，この時代の雰囲気をよく伝えている。絵画では，1972年に発見された(5　　)が有名である。

❸ 天平文化の彫刻は，粘土で造形した(6　　)と，漆で固めて造形した(7　　)があり，(6　　)では東大寺戒壇堂の(8　　)，(7　　)では図1の(9　　)が代表作である。また，絵画では正倉院鳥毛立女屏風や(10　　)が代表作で，大陸文化の強い影響を感じさせる。

❹ 弘仁・貞観文化では，仏像彫刻に(11　　)と呼ばれる新たな技法がうまれ，図2の(12　　)では，その特徴がよく出ている。また，絵画では，密教の影響から曼荼羅が発達し，(13　　)がもっとも古く代表的な作品とされている。

❺ 平安中期には，浄土教に関係した美術作品がつくられた。藤原頼通が建立した平等院の本尊は，(14　　)が大成した仏像彫刻の技法(15　　)による阿弥陀如来像である。また，来迎図もさかんに描かれ，空海の開いた寺院にある(16　　)がその代表作である。

❻ 平安時代の絵画では，それまでの唐絵に対して日本的風物を主題にした(17　　)がうまれ，巨勢金岡がこの(17　　)の祖とされる。また，院政期には，平家納経や『(18　　)』などの装飾経もつくられた。

❼ 絵巻物の傑作もうまれ，院政期には物語を題材にした『(19　　)』や応天門の変を描いた『(20　　)』，鎌倉期では『(21　　)』『(22　　)』などの寺社縁起，高僧伝を題材とする時宗の『(23　　)』，浄土宗の『(24　　)』などがある。

❽ 鎌倉時代には，天平彫刻の伝統を受け継いで，力強い写実性や豊かな人間味を基調とした奈良仏師の運慶・湛慶父子らの(25　　)が活躍し，図3の(26　　)などの作品を残した。また，似絵の名手(27　　)が源頼朝や平重盛と伝えられる肖像画を描いた。

❾ 室町時代の絵画では，禅宗の影響から水墨画が発達し，明兆や如拙のあと(28　　)が日

本的水墨画を完成し、『秋冬山水図』や『(29)』などを残した。さらに(30)が水墨画の装飾画化を進め、伝統的な絵画の分野では土佐光信の土佐派がうまれた。

2 ── 近世〜近代の絵画・彫刻史

図4　図5　図6

❶ 桃山時代になると、城郭内部の襖や屏風などには、金箔地に青や緑を彩色する(31)の障壁画が発達した。(32)は、『唐獅子図屏風』などの作品を残した。また、ヨーロッパ文化との出会いから、その風俗を描いた(33)が多数つくられた。

❷ 江戸時代になると、狩野派では『大徳寺方丈襖絵』などを描いた(34)が、幕府御用絵師となった。また土佐派では(35)が朝廷絵師に、土佐派から分かれた住吉如慶・(36)父子が幕府御用絵師となったが、これらは様式の踏襲に走るようになった。

❸ 図4は、京都の(37)が描いた『(38)』で、土佐派の画法をもとに装飾画に新様式をうみ出し、元禄期に『紅白梅図屏風』などを残した(39)の琳派の先駆けとなった。

❹ 浮世絵は、元禄期に(40)が浮世絵版画をはじめて、鈴木春信が多色刷の(41)を創始して活発となり、寛政期に美人画の(42)、役者絵の(43)が出た。化政期には、『富嶽三十六景』の(44)、『東海道五十三次』の(45)らが出た。

❺ 中国の南画の影響を受けて学者や文人が余技に描く(46)も発達し、池大雅と蕪村の合作『(47)』などの傑作がうまれ、ほかに田能村竹田・谷文晁らが活躍した。

❻ 西洋画は、洋学の隆盛につれて発達し、平賀源内や(48)・亜欧堂田善らによって広まった。中でも鈴木春信の門人であった(48)は、源内に学んで銅版画を創始し、『(49)』などの作品を残した。

❼ 近代になると、一時おとろえかけた日本の伝統的な絵画は、政府の保護、アメリカ人の(50)、(51)らの影響のもとで図5の『(52)』を描いた(53)や橋本雅邦らによって、すぐれた日本画が創作された。

❽ 西洋画では、浅井忠らが中心となって、日本で最初の洋画団体(54)が結成された。彼らは、その暗い色調が特徴であることから脂派と呼ばれた。

❾ 一方、フランス印象派の画風を学んで帰国した(55)は、(56)を結成し、明るい色調で外光派と呼ばれた。この(55)の代表作が、図6の『(57)』という作品である。

❿ 彫刻の分野では、伝統的な木彫技法と新しい写生的な技法とを調和させた高村光雲が、シカゴ万国博覧会に『(58)』を出品した。一方、西洋の彫塑では、『坑夫』や『女』などの作品を残した(59)や、『墓守』などの作品がある(60)らが活躍した。

26 美術史Ⅱ（建築・工芸・焼き物）

1 ── 古代～近代の建築史

ポイントはこれだ☆ 中世までは寺院建築を中心に，各時代の特徴に留意して，ほかの文化史の事項と合わせて理解する。建築と庭園の発達の関連に注意する。

	寺 院 建 築	その他の建築・庭園など
古墳		宮殿…素木造・切妻・掘立柱
飛鳥	**法隆寺**金堂・五重塔・中門・歩廊 　　　　（中国六朝文化の影響）	神社…神明造（伊勢神宮） 　　　大社造（出雲大社） 　　　　↳住吉造（住吉大社）
白鳳	**薬師寺**東塔（三重塔の各層に裳階）	住宅…竪穴・平地・高床
天平	東大寺法華堂[三月堂]・転害門 **正倉院**宝庫（**校倉造**） **唐招提寺**金堂，唐招提寺講堂 ←	住宅（貴族）…板屋・檜皮葺 宮殿…唐風 　　　平城宮朝集殿を移築
平安	**室生寺**金堂・五重塔（弘仁・貞観期） **平等院鳳凰堂**・法界寺阿弥陀堂 浄土教の地方発展 ⇨ **中尊寺金色堂**・ 富貴寺大堂・白水阿弥陀堂（院政期）	住宅（貴族）…**寝殿造**（白木造・檜皮葺） →浄土庭園の発生 　⇨ **毛越寺**（平泉）庭園 庶民の住宅は床の発生や板屋（〜鎌倉）
鎌倉	大陸から ⎰東大寺南大門（**大仏様**） 　　　　 ⎱円覚寺舎利殿（**禅宗様**） 石山寺多宝塔（**和様**） 蓮華王院本堂[**三十三間堂**]（**和様**） 観心寺金堂（**折衷様**）	住宅（武士）…いわゆる**武家造**（寝殿造の流れを引く） 　　　物見櫓・塀などの防衛施設
室町	**鹿苑寺金閣**（寝殿造・禅宗様） **慈照寺銀閣**（書院造風・禅宗様） ⇨ **枯山水**など禅宗庭園（天竜寺・西芳寺・竜安寺・大徳寺大仙院）の発達	住宅（武士）…**書院造**（禅宗の影響） 　　　　　慈照寺東求堂同仁斎
桃山	**城郭**…姫路城，松本城，彦根城，大徳寺唐門，西本願寺飛雲閣（伝**聚楽第**遺構） 　　　都久夫須麻神社本殿・西本願寺書院・西本願寺唐門（伝伏見城遺構） 茶室…妙喜庵茶室（待庵）[伝千利休]　　　　　住宅（商家）…二階建て・瓦葺 　　　回遊式庭園の発達　　　　　　　　　　　　　　　　　土蔵造（防火対策・江戸期）
江戸	霊廟建築…日光東照宮（**権現造**）	**数寄屋造**…桂離宮・修学院離宮
明治	近代建築…**コンドル**（イギリス人，ニコライ堂・鹿鳴館を設計） 　　　　⇨ **辰野金吾**（日本銀行本店）・片山東熊（赤坂離宮[現，迎賓館]）	

2 ── 工芸と「焼き物」の歴史

ポイントはこれだ☆ 各時代の代表的な作品・人物をおさえる。江戸時代になると、各地の特産品・専売品となっていくので産業・経済史からも理解しておく。

	工　芸	「焼き物」
古墳		**土師器**…弥生土器の製法 **須恵器**…朝鮮半島伝来の新技術
飛鳥	法隆寺**玉虫厨子** 中宮寺**天寿国繍帳**	ろくろの使用・窖窯(登り窯)で焼成
天平	**正倉院宝物**(大陸文化の影響) 　**螺鈿紫檀五絃琵琶・漆胡瓶** 　**銀薫炉・白瑠璃碗・瑠璃杯** 　東大寺大仏殿八角灯籠	
平安	装飾経　平家納経・『扇面古写経』	
鎌倉	刀剣…**正宗**(鎌倉) 　　　藤四郎吉光(京都) 　　　長光(備前) 甲冑…**明珍**(京都)?	六古窯(平安末〜)…常滑焼・備前焼・ **瀬戸焼**・信楽焼・越前焼・丹波焼 　→宋・元の影響　灰釉陶器 　　　加藤景正、13世紀初めに入宋
室町	刀剣の目貫・小柄…**後藤祐乗**	
桃山	**高蒔絵**(室町) ⇒ 高台寺蒔絵 **欄間彫刻**…西本願寺の欄間	茶道の発達 ⇒ 志野焼・織部焼・唐津焼 朝鮮出兵 ⇒ 朝鮮人陶工によるお国焼
江戸	寛永期　洛北鷹ヶ峰の**本阿弥光悦** 　　　　『舟橋蒔絵硯箱』などの金蒔絵 元禄期　**尾形光琳**(琳派) 　　　　『八橋蒔絵螺鈿硯箱』などの光琳蒔絵 　　　　**尾形乾山**(仁清に学ぶ、陶工・画家) 染物　友禅染…**宮崎友禅** 織物　**西陣織**(縮緬・金襴・緞子) 　　　桐生絹・足利絹・丹後縮緬	**楽焼**(低火度の手作り陶器)に秀作 **有田焼**…**酒井田柿右衛門**　**上絵付法**を研究し、**赤絵**を完成 　『色絵花鳥文深鉢』『色絵花鳥文壺』 **野々村仁清**(京焼の祖)　**上絵付法**をもとに**色絵**を完成 　『色絵吉野山図茶壺』『色絵月梅文茶壺』 　『色絵雉子香炉』 **京焼**(楽焼を除く京都の陶磁器の総称) **お国焼** ⇒ 各藩の特産・専売品になる 　**有田焼[伊万里焼]**(鍋島氏) 　　⇒ 九谷焼(前田氏) 　薩摩焼(島津氏)・萩焼(毛利氏) 　平戸焼(松浦氏)・高取焼(黒田氏)

26 美術史Ⅱ（建築・工芸・焼き物）

スピード・チェック

1── 古代〜近代の建築史

❶ 古代の神社建築では，切妻・平入の伊勢神宮の(¹　　)と，切妻・妻入の出雲大社の(²　　)があり，(²　　)から発展した住吉大社の(³　　)がある。

❷ 図1は，飛鳥文化の代表的な建築物の(⁴　　)で金堂・五重塔などが残されている。また，奈良西ノ京の(⁵　　)は白鳳文化の代表的建築物である。

❸ 天平文化の代表的な建築物は，唐招提寺金堂や(⁶　　)で，どっしりとしたつくりである。特に後者には多くの天平彫刻の傑作の仏像がおさめられている。また，710年ごろ建造の平城宮朝集殿を移築した(⁷　　)も残されている。

❹ 聖武太上天皇の遺宝などをおさめた(⁸　　)は，柱を用いずに台形や三角形の木材を組んで壁面を構成した(⁹　　)でつくられている。

❺ 弘仁・貞観期には山岳仏教が発達して，伽藍は地形に応じた配置になった。代表的な建築物には，屋根は檜皮葺で簡素な構造が特徴の(¹⁰　　)などがある。

❻ 平安時代の貴族の住宅は，(¹¹　　)・檜皮葺で(¹²　　)の日本的な建物になった。また，この時代は，浄土教の流行から阿弥陀堂建築が発達した。図2は，藤原頼通が宇治に建立した(¹³　　)で，定朝作の本尊阿弥陀如来像をおさめている。

❼ 平安末期，平泉で奥州藤原氏が(¹⁴　　)や浄土庭園を残す(¹⁵　　)などを建立し，さらに陸奥の(¹⁶　　)，豊後の(¹⁷　　)などの阿弥陀堂は，浄土教の地方発展を物語っている。

❽ 鎌倉時代には，大陸から(¹⁸　　)・(¹⁹　　)の新たな建築様式がもたらされた。(¹⁸　　)は，東大寺再建にあたって用いられた様式で，豪放な力強さを特色としている。また，(¹⁹　　)は，整然とした美しさが特色である。

❾ 平安時代以来の建築様式は和様といい，(²⁰　　)や(²¹　　)[三十三間堂]などがある。観心寺金堂は，これに大陸の新様式の一部をとり入れた(²²　　)で建立されている。また，この時代の武士の住宅は，(²³　　)を簡略にした様式となっている。

❿ 室町時代の北山文化の象徴的建築物は，足利義満が建立した(²⁴　　)で，貴族文化の象徴である(²⁵　　)と，武家文化の象徴である禅宗寺院の(²⁶　　)を折衷している。

⓫ 東山文化の象徴的建築物は，足利義政が建立した図3の(²⁷　　)で，同寺の東求堂同仁

104

斎にみられる(28)は，近代和風住宅の源流となった。
⑫ 禅宗寺院には，禅の精神で統一された庭園がつくられた。砂と石で象徴的な自然をつくり出した(29)は，石庭で有名な(30)や大徳寺大仙院などに残されている。
⑬ 桃山文化を象徴するのが城郭建築で，聚楽第の遺構としては，(31)・(32)などが伝えられる。また，伏見城の遺構としては，琵琶湖の竹生島の(33)が伝えられる。
⑭ 江戸時代の寛永期には，前代の茶室建築が発達し，庭園と調和する(34)が工夫され，(35)・(36)が残された。また，霊廟建築として日光に(37)がつくられ，この時代の神社建築には(38)が広く用いられた。
⑮ 明治の近代建築では，イギリス人(39)が，ニコライ堂や鹿鳴館を設計し，その門下から日本銀行本店・東京駅を設計した(40)，赤坂離宮を設計した(41)が出た。

2 ── 工芸と「焼き物」の歴史

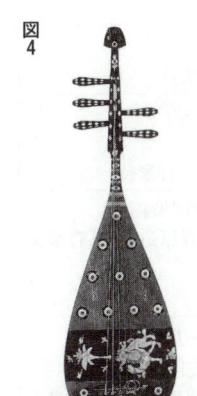

図4　図5　図6

❶ 古墳時代の焼き物は，弥生土器の系譜を引く(42)と，朝鮮半島伝来でろくろを使用し，窖窯(登り窯)で焼成した(43)とがある。
❷ 飛鳥時代の工芸品では，須弥座や扉に密陀絵が描かれている(44)や，中宮寺の(45)と呼ばれる日本最古の刺繍がある。
❸ 図4は，(46)の一つで，(47)という。ほかにも漆胡瓶や白瑠璃碗など，東ローマや西アジアの流れを汲むものがあり，この文化の世界的な広がりを感じさせる。
❹ 鎌倉時代の工芸品では，武士の成長とともに武具の製作がさかんになり，甲冑の(48)(学問的確証はない)，刀剣では鎌倉の(49)，京都の(50)，備前の長光らの名工があらわれた。また，焼き物では「六古窯」が展開し，特に灰釉陶器の(51)が発達した。
❺ 江戸時代の寛永期には，(52)は洛北鷹ヶ峰に芸術村を開き，また有田の(53)は上絵付法を研究して赤絵を完成させ，図5の『(54)』などの作品を残した。
❻ 江戸時代の元禄期には，(55)が，図6の『(56)』などの作品をつくり，琳派を形成した。(57)は，上絵付法をもとに色絵を完成させて，京焼の祖とされた。
❼ 秀吉の朝鮮出兵で日本に連れて来られた朝鮮人陶工によって，各地にお国焼の窯が開かれ，鍋島氏の(58)，島津氏の(59)，毛利氏の萩焼などが発達した。
❽ 京都の染物絵師である宮崎友禅が糊付染の技法を改良し，友禅模様を染め出した。また，織物では，縮緬・金襴などの高級絹織物の(60)の技術が各地に発達した。

27 文学史

1 — 古代社会の形成と文学

ポイントはこれだ☆ 大陸文化を積極的に受容し、文字の導入がはかられてから、万葉仮名、そしてかな文字の発明による国文学の発達までをおさえる。

ヤマト政権と古墳文化・飛鳥文化	漢字による日本語表記の最古の例 ｛埼玉県**稲荷山古墳出土鉄剣銘**・熊本県**江田船山古墳出土鉄刀銘**・和歌山県隅田八幡神社人物画像鏡銘 仏教・儒教への関心と理解 ⇨ 憲法十七条
律令国家の形成と白鳳文化	渡来人の影響と漢詩文　大津皇子(『懐風藻』におさめられる) 日本古来の歌謡から和歌が発達　柿本人麻呂・額田王(『万葉集』)
律令国家の展開と天平文化	国史編纂　**古事記**・**日本書紀**　地誌編纂　**風土記**(伝承と文学) 現存最古の漢詩集　**懐風藻**(淡海三船・石上宅嗣ら) **万葉仮名**の発明と**万葉集**〔山上憶良・山部赤人・大伴旅人・大伴家持〕
律令国家の転換と弘仁・貞観文化	唐文化への傾倒・文章経国思想の広まりと漢文学の隆盛 ｛**勅撰漢詩集**⇨『凌雲集』『文華秀麗集』『経国集』 個人の漢詩文集⇨空海の『性霊集』、菅原道真の『菅家文草』、空海の評論『文鏡秘府論』 漢文体の国史編纂⇨**六国史**
貴族政治と国風文化 **かな文字**の発達と国文学の隆盛	和歌の発達　六歌仙、**勅撰和歌集**：『**古今和歌集**』〔紀貫之ら〕・八代集 女性文学の発達 ｛かな物語　『竹取物語』『伊勢物語』、『**源氏物語**』〔紫式部〕 日記　『土佐日記』〔紀貫之〕、『蜻蛉日記』〔藤原道綱の母〕、『和泉式部日記』〔和泉式部〕、『更級日記』〔菅原孝標女〕 随筆　『**枕草子**』〔清少納言〕

2 — 中世社会の展開と文学

ポイントはこれだ☆ 院政期から鎌倉幕府誕生にかけての動乱の世と中世文学のおこり、また室町時代の歴史書、庶民文芸、五山文学の隆盛などに着目する。

武士・庶民・地方文化の台頭	**今様**の流行　『梁塵秘抄』〔後白河法皇〕　仏教説話集　『今昔物語集』 **軍記物語**　『将門記』『陸奥話記』 **歴史物語**　『栄花(華)物語』『大鏡』『今鏡』
武家政権の成立と鎌倉文化	和歌　『新古今和歌集』〔勅撰、八代集の最後、藤原定家・藤原家隆ら〕、『山家集』〔**西行**〕、『金槐和歌集』〔源実朝〕 歴史　『**愚管抄**』〔慈円〕 軍記物語　『保元物語』『平治物語』『平家物語』『源平盛衰記』
動乱の世と無常感	随筆・日記　『方丈記』〔鴨長明〕、『徒然草』〔兼好法師(吉田〈卜部〉兼好)〕、『十六夜日記』〔阿仏尼〕

武家社会の成長と室町文化 禅の流行と庶民的性格	説話集	『沙石集』〔無住〕,『十訓抄』,『宇治拾遺物語』,『古今著聞集』〔橘成季〕
	歴史の転換期を描く文学,歴史書の誕生	
	軍記物語	『太平記』
	歴史書	『増鏡』,『神皇正統記』〔北畠親房〕,『梅松論』
	五山文学(五山版)の隆盛 義堂周信・絶海中津 ⇐ 臨済禅の盛行	
	庶民文芸の流行	
	連歌	『菟玖波集』『応安新式』〔二条良基〕 『新撰菟玖波集』〔宗祇〕**正風連歌** 『水無瀬三吟百韻』〔宗祇・肖柏・宗長〕 『犬筑波集』〔宗鑑〕**俳諧連歌**
	御伽草子	『文正草子』『物くさ太郎』『一寸法師』『浦島太郎』『酒呑童子』

3 ── 近世社会の成熟と文学

ポイントはこれだ☆ 幕藩体制が確立し産業・経済が発達する中,大坂町人文芸が勃興した。江戸時代後半には庶民に文芸が普及する一方,通俗化する点に注目する。

幕藩体制の確立と元禄文化 上方町人文芸の発達	小説	**仮名草子**(教訓を主体とする)	
	俳諧	独立─貞徳(貞門派),西山宗因(談林派) 発達─松尾芭蕉(**蕉風俳諧**)『奥の細道』『笈の小文』	⇒民衆文芸の基礎
	浮世草子	井原西鶴 {『好色一代男』『武家義理物語』 『日本永代蔵』『世間胸算用』}	⇒愛欲・金銭欲などから人間性を鋭く描く
	歌舞伎 人形浄瑠璃	近松門左衛門 {『曽根崎心中』『心中天網島』 『国性(姓)爺合戦』}	⇒義理と人情の板ばさみ
幕藩体制の動揺と宝暦・天明期の文化／化政文化 庶民文芸の発達と通俗化	宝暦・天明期	小説	**洒落本** 『仕懸文庫』『通言総籬』〔山東京伝〕 **黄表紙** 『金々先生栄花夢』〔恋川春町〕 **読本** 『雨月物語』〔上田秋成〕
		俳諧	『蕪村七部集』〔蕪村〕
		川柳	『誹風柳多留』〔柄井川柳〕─五七五─社会風刺と皮肉
		狂歌	大田南畝(蜀山人),石川雅望(宿屋飯盛)─世相批判・皮肉
		脚本	『仮名手本忠臣蔵』〔竹田出雲〕
	化政期	小説	**滑稽本** 『東海道中膝栗毛』〔十返舎一九〕 　　　　『浮世風呂』『浮世床』〔式亭三馬〕 **人情本** 『春色梅児誉美』〔為永春水〕 **読本** 『南総里見八犬伝』『椿説弓張月』〔曲亭馬琴〕 **合巻** 『偐紫田舎源氏』〔柳亭種彦〕
		俳諧	『おらが春』〔小林一茶〕
		脚本	『東海道四谷怪談』〔鶴屋南北〕

スピード・チェック

27 文学史

1 —— 古代社会の形成と文学

❶ 日本で文字がつかわれはじめたのは、いつごろだろうか。漢字をつかった日本語表記の最古の例として、埼玉県(1　)古墳出土辛亥(471年か)銘鉄剣や、和歌山県(2　)癸未(503年か)銘人物画像鏡があげられる。

❷ 厩戸王(聖徳太子)は仏教・儒教への関心と理解を深め、憲法十七条をまとめた。

❸ 白村江の戦いののち、百済からは中国的な教養を身に付けた多くの王族・貴族たちがわたってきた。その影響もあって、天智天皇の時代以降になると、宮廷では漢詩文をつくることがさかんに行なわれ、(3　)らがすぐれた作品を残した。

❹ また白鳳期には、日本古来の歌謡から発達した和歌も詩型が定まり、(4　)・(5　)らの歌人によって、心情をすなおに表現し、人々の心を打つ作品がうまれた。

❺ 奈良時代に入ると、漢詩文をつくることは、貴族の教養として一層重んじられた。(6　)・(7　)らが文人として著名で、最古の漢詩集の『(8　)』もつくられた。

❻ 和歌の世界では、(9　)・山部赤人・大伴旅人・大伴家持らがあらわれた。これら著名な歌人の歌に、東歌や防人歌などを集めた『(10　)』がつくられた。(11　)が用いられていることも『(10　)』の特色である。

❼ 中国風の文化が重んじられた弘仁・貞観文化の時代は、嵯峨・淳和天皇のころに『(12　)』『(13　)』『経国集』などの勅撰漢詩集があいついで編纂された。

❽ 10世紀以後、文化の国風化が進んだ。(14　)文字が発達し、日本人特有の感情や感覚を生き生きと伝える国文学の隆盛をむかえた。905年、最初の勅撰和歌集として、『(15　)』が(16　)らによって編集された。

❾ 宮廷の女性による文学が発達し、かな物語では伝説を題材とした『(17　)』や歌物語の『(18　)』などに続いて、紫式部の『(19　)』がうまれた。また宮廷生活の体験を随筆風にしるした(20　)の『枕草子』は、『(19　)』と並ぶ最高傑作とされている。

❿ 国文学では、かなの日記も多く書かれた。(16　)の『(21　)』はその最初のものであるが、藤原道綱の母による『(22　)』、菅原孝標女による『(23　)』などには、女性特有のこまやかな感情がこめられている。

2 —— 中世社会の展開と文学

❶ 平安末期に、後白河法皇が自ら民間の流行歌謡である(24　)を学んで『(25　)』を編んだことは、この時代の貴族と庶民の文化の深い関わりをよく示している。

❷ インド・中国・日本の1000余の説話を集めた『(26　)』の中には、平安時代末期の武士や庶民の生活がみごとに描き出されている。

❸ 武士であった西行は、出家して平安時代末期の諸国を遍歴し、『(27　)』を残した。

❹ 『方丈記』の作者(28　)は、西行とともに、中世的な隠者の文学の代表者である。

❺ 承久の乱の直前、歴史をつらぬく原理をさぐり、道理による歴史解釈をこころみた慈

円の著書『(29)』にも，当時の仏教思想が表われている。
❻ 鎌倉時代の貴族文学は，和歌の分野で最後のかがやきを示し，後鳥羽上皇の命で藤原定家・家隆らによって選ばれた『(30)』や，定家に学び万葉調の歌をよんだ将軍実朝の『(31)』などが，代表作品として残っている。
❼ 平氏の興亡を主題とした一大叙事詩である『(32)』は，軍記物語の最高傑作で，琵琶法師によって平曲として語られ，文字を読めない人々にも広く親しまれた。
❽ 平安後期以降にさかんとなった説話文学には，橘成季の『(33)』などの名作があらわれたが，鎌倉時代末には広い見聞と鋭い観察眼による随筆『(34)』が兼好法師によって書かれ，この時代の人々の思索の深まりを示している。
❾ 南北朝時代には，歴史の転換期を描く文学や歴史書があらわれ，北畠親房は伊勢神道の理論を背景に，南朝の立場から皇位継承の正しい道理を説いた『(35)』を著した。
❿ 軍記物語では，南北朝の動乱の全体を描こうとした大作『(36)』が出て，人々の間に普及し，後世まで大きな影響を与えた。
⓫ 室町時代の五山の禅僧の間で，宋学の研究や漢詩文の創作がさかんになり，義満のころ絶海中津・義堂周信らが出て，(37)は最盛期をむかえた。
⓬ 南北朝時代に出た(38)は『菟玖波集』を撰し，連歌の規則書として『応安新式』を制定したが，『菟玖波集』が勅撰集に準ぜられてからは，和歌と対等の地位を築いた。
⓭ 応仁のころに出た(39)は正風連歌を確立し，『新撰菟玖波集』を撰集し，弟子たちと『水無瀬三吟百韻』をよんだ。一方，これに対し(40)がより自由な気風をもつ俳諧連歌をつくり出し，『犬筑波集』を編集した。

3 —— 近世社会の成熟と文学

❶ 元禄期の文学は，上方の町人文芸が中心である。(41)は浮世草子と呼ばれる小説で，愛欲・金銭欲などをとおして人間性を鋭く追究する，新しい文学の世界を創造した。
❷ (42)は，さび・しおり・かるみで示される蕉風俳諧を確立し，『奥の細道』などの作品で自然と人間を鋭くみつめた。
❸ (43)は現実の社会や歴史に題材を求め，義理と人情との板ばさみに悩む人々の姿を，『曽根崎心中』などの人形浄瑠璃や歌舞伎の脚本に描いた。
❹ 江戸時代後期には，浮世草子がおとろえたあと，さし絵で読者を引き付ける草双紙や，江戸の遊里を描く(44)が流行した。また，(45)と呼ばれる政治批判や風刺のきいた絵入りの小説も大いに売り出された。(44)や(45)は寛政の改革で厳しく取り締まられ，代表作家である(46)が処罰された。
❺ 文化期には滑稽さや笑いをもとに，庶民の軽妙な生活を生き生きと描いた滑稽本がさかんになり，(47)や十返舎一九があらわれた。
❻ 『春色梅児誉美』などの人情本の作家であった(48)は，天保の改革で処罰された。また，文章主体の小説で歴史や伝説を素材にした(49)の代表作『南総里見八犬伝』は，(50)によって書かれ，評判を博した。
❼ 俳諧では，化政期に信濃の(51)が，農村の生活感情を個性豊かによんだ。

28 史学と儒学

1 ── 歴史編纂と史書

ポイントはこれだ☆ 歴史編纂は，国家の形成や発展とどのように関わったか，また，どのような立場で歴史書がまとめられていったかをおさえる。さらに，史論・歴史観をおさえることが重要である。

〈背景〉	〈書名・編著者〉	〈成立と内容〉	
推古朝	『天皇記』『国記』		現存せず。厩戸王と蘇我馬子が編纂開始？
天武朝	〈国史編纂〉		『**帝紀**』『**旧辞**』をもとする国史編纂を開始
*六国史は律令政府の国家的事業	『**古事記**』（太安万侶）〈天武天皇の命〉	712	神代〜推古。漢字の音訓で日本古来の歌謡，固有名詞を表現
	*『**日本書紀**』（舎人親王ら）	720	神代〜持統。中国の正史にならい，漢文編年体
	*『**続日本紀**』（菅野真道ら）	797	文武〜桓武 ⇒『日本後紀』*『続日本後紀』*『文徳天皇実録』
公家の漢文体日記も重要	『類聚国史』（菅原道真）	892	六国史を部類別に編集・集成
	*『日本三代実録』（藤原時平ら）	901	清和・陽成・光孝天皇
六国史の歴史叙述とかな物語の国文体が融合	『**大鏡**』（不明）	11C末	文徳〜後一条。列伝体。道長に批判的
	『扶桑略記』（皇円）	〃	神武〜堀河。仏教史観の漢文編年体
	『**栄花(華)物語**』（不明）	〃	宇多〜堀河。編年体。道長の時代を讃美
武家政権の成立	『**愚管抄**』（慈円）	1220	神武〜順徳。仏教の道理による史観。武家政治成立の必然性を説く
	『**吾妻鏡**』（不明）	13C末	1180〜1266。鎌倉幕府の日記風編年体史書
	『元亨釈書』（虎関師錬）	1322	仏教伝来〜鎌倉時代。列伝体の仏教史
南北朝の動乱と室町幕府の成立	『**神皇正統記**』（北畠親房）	1339	神代〜後村上。南朝の正統性を主張
	『梅松論』（不明）	14C中	足利尊氏の生涯を中心とする戦記
	『増鏡』（不明）	14C末	後鳥羽〜1333。編年体。南朝に同情的
	『善隣国宝記』（瑞溪周鳳）		室町時代中期までの仏教の視点からの外交史
幕藩体制の成立	『**本朝通鑑**』（林羅山・鵞峰）	1670	神代〜1611。宋の『資治通鑑』にならう，編年体
	『**読史余論**』（新井白石）	1712	摂関政治〜江戸幕府成立。歴史発展の法則
	『**大日本史**』（水戸徳川家）	1657開始〜1906完成	水戸藩の彰考館で編纂。朱子学の大義名分論
近代国家の成立とアジア進出	『**文明論之概略**』（福沢諭吉）	1875	文明開化史観による日本と西欧の比較文明史
	『日本開化小史』（田口卯吉）	1877	古代〜明治維新。ギゾー・バックルの史観
	『大日本史料』（東大史料編纂所）		六国史以後〜明治維新。基礎史料集の編纂
	『神代史の研究』（津田左右吉）	1913	『古事記』『日本書紀』の文献学的研究により古代史を科学的に解明。1940年，発禁

2 ── 儒学の導入と展開

ポイントはこれだ☆ 5世紀に大陸から伝えられたとされる儒教は，中国古代の思想家孔子の説いた道徳哲学・政治哲学である。特に，13世紀に導入された朱子学が儒学の中心として研究され，その大義名分論は幕藩制社会を基礎付けたことに注目する。

1　**儒教の伝来**　5世紀 ○阿直岐・**王仁**が来日（『日本書紀』）
　[渡来人]　　　　○応神天皇の時，王仁が論語・千字文をもたらす（『古事記』）
　　　　　　　　6世紀 ○百済から**五経博士**が来日，儒教を伝える。医・易・暦が伝来

2　**儒教の導入**──律令政治の指導理念（隋・唐から五経中心の訓詁学を導入）
　[留学生]　○**厩戸王**の政治思想の柱は儒教と仏教 ⇨ **冠位十二階・憲法十七条**
　　　　　　※徳・仁・礼・信・義・智の徳目を掲げる
　　　　　○律令貴族の教育機関，**大学・国学**では五経研究は正課（明経道）

3　**朱子学の伝来**──宋の朱熹によって大成され，儒教に哲学的基礎を与える
　[五山の禅僧]　○**大義名分**・尊王斥覇を主張。禅と結んで発展（禅儒一致）
　　　　　　○俊芿(1199入宋)，円爾(1235入宋，弟子虎関師錬)，蘭渓道隆(1246来日)，一山一寧(1299来日，弟子夢窓疎石)らがもたらす

4　**朱子学の伝播**──新興の戦国大名に受け入れられ，政治思想として地方へ広がる
　[戦国大名]　○桂庵玄樹（南禅寺僧，渡明）　後醍醐天皇，南朝についた肥後の菊池氏や，九州の南朝勢力と戦った薩摩の島津氏に招かれ講義。朱熹の『大学章句』を薩摩で刊行。薩南学派の祖
　　　　　　○南村梅軒　土佐国で講義。南学（海南学派）の祖とされるが不明

5　近世の**朱子学**──**大義名分論**にもとづいて君臣関係や人それぞれの役割，上下の身分秩序を
　[幕府・藩]　固定し，動かしがたいものとする朱子学の思想は，封建社会を維持する道徳原理として幕府や藩に歓迎された
　　　　　　○京学の祖**藤原惺窩**はもと相国寺の禅僧。秀吉の朝鮮出兵の際，連行された朝鮮儒学の大家姜沆らから直接朱子学を学ぶ
　　　　　　○朱子学とは別派の儒学，陽明学・古学などにも注目すること

```
藤原惺窩────林羅山────林鵞峰────林鳳岡(信篤)────────────柴野栗山
（京学）                              （大学頭）※湯島聖堂
      ①家康─②秀忠─③家光─④家綱─⑤綱吉─⑥家宣─⑦家継─⑧吉宗
      松永尺五────木下順庵────荒井白石
                   招請：前田綱紀（金沢）    室鳩巣────────尾藤二洲

（南村梅軒）┈┈┈谷時中────野中兼山（土佐藩執政）────────岡田寒泉
             （南学）
                 └─山崎闇斎 ※垂加神道────────────────古賀精里
                   招請：保科正之（会津）

          中江藤樹────熊沢蕃山
           （陽明学） 招請：池田光政（岡山）
```

スピード・チェック 28 史学と儒学

1 ── 歴史編纂と史書

❶ 推古朝の時代，厩戸王と蘇我馬子は『(1   )』『(2   )』を編纂開始したといわれている。しかし，それらは大化改新の蘇我氏滅亡の際に焼失したとされ，現存しない。

❷ (3   )天皇は飛鳥浄御原令や国史の編纂にも着手し，国家体制の整備を進めた。

❸ 712年に完成した『(4   )』は，宮廷に伝わった『帝紀』と『旧辞』とに，(3   )天皇が自らの検討を加え，これを稗田阿礼によみならわせ，のちに(5   )が筆録したものである。

❹ 720年に完成した『(6   )』は，(7   )親王が中心となって編纂したもので，中国の史書の体裁にならい，正式な漢文によって編年体で記述されている。

❺ 『(6   )』を先例として，以後，10世紀初めまで国家事業として史書の編纂が続けられ，(8   )が成立した。文武天皇から桓武天皇の時代を記述したのは『(9   )』である。

❻ 文章博士から右大臣になった(10   )が著した『類聚国史』は，(8   )を部類別に編集・集成したものである。

❼ (8   )の歴史叙述とかな物語の国文体を融合した歴史物語は，平安末期の貴族の思想をよく表わしている。中でも，『(11   )』が藤原道長に批判的であるのに対して，『(12   )』は道長の時代を讃美し，対照的な見方を示している。

❽ 九条兼実の弟で，天台座主の要職にあった僧(13   )は，仏教の道理にもとづく史観をもって『(14   )』を著した。その中で，武家政治成立の必然性を説いた。

❾ 一方，鎌倉幕府の関係者は，幕府の歴史を日記体でしるした『(15   )』を編んだ。

❿ 1322年，(16   )によって書かれた『(17   )』が完成した。これは，仏教伝来以来の人物中心の仏教史である。

⓫ 南北朝の動乱のさなか，(18   )は伊勢神道の理論を背景に南朝正統論に立ち，皇位継承の正しい道理を説く『(19   )』を書き，幼い後村上天皇養育の書とした。

⓬ 『(20   )』は足利尊氏の生涯を中心とする戦記で，足利氏の政権獲得までの過程を武家の立場からしるしている。

⓭ 源平争乱以降，特に後鳥羽上皇の承久の乱から鎌倉幕府滅亡までを，公家の立場からしるしたのは『(21   )』である。

⓮ 軍記物語では，南北朝の動乱の全体像を描こうとした大作『(22   )』がつくられ，人々の間に普及し，後世まで大きな影響を与えた。

⓯ 江戸幕府の歴史編纂事業は，林羅山・鵞峰によって進められ，『(23   )』が完成した。

⓰ (24   )は実証研究をもとに『(25   )』を著し，武家政権の推移を段階的に時代区分し，独自の史論を展開した。

⓱ 水戸藩の彰考館で続けられた『(26   )』の編纂は，水戸学と呼ばれる天皇尊崇と封建的秩序の確立を説く思想をうんだ。

⓲ 福沢諭吉の『(27   )』は，文明開化史観によって西欧と日本の比較文明史を展開し，国民の啓蒙と思想の転換に大きな影響を与えた。

⑲ 日本史では田口卯吉の『(28)』の文明史論があらわれ，史観の革新が行なわれた。
⑳ 早稲田大学教授(29)は，『古事記』『日本書紀』の文献学的研究により，古代史の科学的解明を進めたが，準戦時体制が強まる中，1940年，その著は発禁となった。

2 ── 儒学の導入と展開

❶ 『日本書紀』は5世紀のこととして(30)が渡来したこと，また『古事記』は(30)が論語・千字文を伝えたことをしるしている。
❷ 6世紀には百済から渡来した(31)が，儒教を伝えた。
❸ 厩戸王の政治理念の柱は，儒教と仏教であった。それは，冠位十二階や(32)の中にうかがうことができる。
❹ 奈良時代に教育機関として設置された中央の(33)や地方の(34)では，儒教の教典である五経の研究は明経道の柱で，正課として重視された。
❺ (35)は中国宋代の朱熹によって大成され，儒教に哲学的基礎を与えた。特に(36)論と尊王斥覇の考え方は，その後の日本の政治思想に大きな影響を与えた。
❻ 室町時代には俊芿らが中国から(35)をもたらし，主に(37)の禅僧によって研究が進められた。
❼ 応仁の乱後，明に渡った南禅寺の僧(38)は儒学を学び，のちに肥後の菊池氏や薩摩の島津氏のもとで儒学を講義し，(39)学派の祖となった。一方，土佐でも(40)が(35)を講じて，(41)の祖となったという。これは，谷時中らによって継承された。
❽ 江戸時代に入ると(35)は(42)・父子の別をわきまえ，上下の秩序を重んじる学問であったため，幕府や藩にも受け入れられた。
❾ 京都相国寺の禅僧であった(43)は(35)をおさめ，還俗して(35)を中心とする儒学の啓蒙につとめた。その門人の(44)は徳川家康に用いられ，その子孫は代々儒者として幕府につかえて教学を担った。
❿ 一方，土佐の谷時中の系統からは(45)・野中兼山らが出，特に(45)は神道を儒教流に解釈し，(46)神道を説き，会津藩主保科正之に用いられた。
⓫ 中江藤樹やその門人(47)らは，現実を批判し知行合一の立場でその矛盾を改めようとする革新性をもった(48)を学び，(47)は一時岡山藩主(49)に用いられたが，政治批判のかどで幕府により下総の古河に幽閉され，そこで病死した。
⓬ 文治政治を志向した5代将軍綱吉は儒教を重んじ，林鳳岡を(50)に任じ，(51)を建てて，研究機関として聖堂学問所をおいて林家に主宰させた。
⓭ 木下順庵の弟子であった(52)は，6代家宣と7代家継の2代にわたる将軍の儒学の師として，(35)者の立場から将軍権威の高揚につとめた。
⓮ やはり木下順庵の弟子であった(53)は，8代将軍吉宗の侍講として，享保の改革を支えた。
⓯ 寛政の改革は学問にも及んだ。松平定信は(35)を正学とし，聖堂学問所で(35)以外の講義や研究を禁じる(54)の禁を出し，儒官に(55)と呼ばれた柴野栗山・尾藤二洲・岡田寒泉を任じ，思想の面からの統制をはかった。

29 女性史

1 ── 女性史

ポイントはこれだ☆ 原始・古代の母系制社会のあり方に注目する。また，結婚・相続のあり方を通じて惣領制のもとでの女性の地位に着目。近世では家に従属する女性，近代に入っての女性解放，男女平等の社会の実現が重要なテーマ。

縄文時代	血縁にもとづく原始共同社会。近隣の集団と通婚。土偶は女性をかたどる		
弥生時代	農業生産力の発展とともに私有財産がうまれ，父権が強まる		
邪馬台国	女王**卑弥呼**と壱与は巫女として神の意志を聞き，宗教的権威を背景に支配		
飛鳥時代から奈良時代	**女性天皇**の活躍	**推古**天皇	摂政厩戸王。冠位十二階
		皇極天皇	大化改新で譲位。重祚し(斉明)，白村江の戦い
		持統天皇	天武天皇の妃。藤原京造営，飛鳥浄御原令の施行
		孝謙天皇	道鏡を重用。重祚し(称徳)，僧侶政治
摂関政治の時代	子供は母方の家で育てられたため母系同族集団が政治権力を握る社会的背景となった。	奈良時代 **妻問婚**	
鎌倉時代	武士は惣領制の社会となり，母系制解体　女性も御家人や地頭になれる。相続権あり	摂関政治の時代 **招婿婚**？	
	武士社会では**嫁入婚**・夫婦同居──13C以降　公家・農民社会でも嫁入婚		
室町時代	13C後半，惣領制解体。分割相続⇨単独相続⇨女性は相続権を失い地位低下		
江戸時代	「家」の存続を第一に考える家父長権の強い家族。女性に相続権はなく男尊女卑		
近代（女性解放運動）	1898	民法──「家」の制度により戸主権が強く男女不平等	法的不平等
	1900	治安警察法──女性の政治活動禁止(第5条)	
	1925	普通選挙法──男性のみで女性は除外	
		自由民権運動に**福田(景山)英子**・岸田俊子ら参加	
	1886	婦人矯風会：キリスト教の立場から廃娼運動	
	1911	青鞜社：**平塚らいてう**(明)が雑誌『青鞜』を創刊。「元始，女性は実に太陽であった…」	
	1920	**新婦人協会**(平塚・**市川房枝**ら) ⇨1924 **婦人参政権獲得期成同盟会** ⇨1925 婦選獲得同盟	女性参政権
	1921	赤瀾会：社会主義者山川菊栄・伊藤野枝ら	
第二次大戦後（男女平等社会の実現へ）	1945	選挙法改正──**女性参政権**が史上初めて実現	
	1946	新選挙法による改正後初の総選挙⇨女性議員39名が当選	
	1946	日本国憲法の公布──**男女平等**を規定	
	1947	教育基本法・学校教育法──男女共学を規定	
	1947	改正民法(新民法)──「家」制度廃止。「家」からの女性の解放	
	1985	**男女雇用機会均等法**成立	

2 ── 財産相続法

ポイントはこれだ☆ 古代から現代まで財産の相続がどのように行なわれたのかをたどり，特に惣領制や「家」制度における家督相続にも注目。また，妻の財産相続の歴史をおさえておくことが重要である。

大宝律令(701)	貴族：**嫡子**(家のあとつぎ)がすべてを譲られる 庶民：嫡子にも**庶子**(男子)にも平等に財産が譲られる ※女性：貴族・庶民とも，女性にも財産の一部が譲られる
養老律令(757)	貴族・庶民とも共通：嫡子優先主義。庶子にも嫡子の2分の1の財産が譲られる。**蔭位の制**は「家」の相続 ※女性の財産相続を成文化。嫡子には父母扶養の義務あり
御成敗式目(1232) (惣領制を基礎とする成文法) 母の権限強大	**分割相続**が原則(庶子・女子にも分割する。しかも家督が全体を支配し，豪族としての勢力の分散を防ぐ) ①女性も御家人や地頭になれる ②女性も財産相続権をもち，養子をとり家督を継がせた(女人養子) ③母親も子に対し，「**悔返権**(いったん子に譲った財産を親がとりもどせる権利)」という親権をもっていた ④夫が相続について決定する前に死んだ場合⇨妻に相続決定権
惣領制解体 (13世紀～)	分割相続から**単独相続**へ ①女性は相続権を失い，地位が低下。夫への従属性強まる ②戦国大名の分国法では分割相続を否定，一子相続を規定
江戸時代 (女性に相続権なく，男尊女卑)	武士：「家」と財産を**長男が単独で相続**。幕府や藩の許可制。 一般の武士は俸禄(家督にあたる)を長男が相続。相続人なしで死んだ場合⇨「家」断絶 庶民：相続に領主が干渉(年貢負担者の交代に敏感) 　　　分割相続から長男相続へ 　　　末子相続，姉家督などもあり，武士よりもゆるやか
大日本帝国憲法と(1889) 民法(1896～98)	**戸主権**とすべての財産を1人に譲る＝「**家督相続**」 男子・嫡出子(正妻の子)・年長優先⇨結局は長男 ※妻には家督相続の権利なし ※妻が財産をもっている場合，男女の別なく子供に分けられる
日本国憲法と 新民法	**家督相続の廃止**。相続は財産のみ ①諸子に均分相続(全体の3分の2を均分相続) ②配偶者も相続人(　〃　3分の1を相続)
民法改正(1980)	配偶者相続分⇨相続財産全体の2分の1とする

スピード・チェック

29 女性史

1 ── 女性史

❶ 縄文文化の時代は，血縁にもとづく原始共同体の社会がいとなまれ，近隣の集団と通婚していたと考えられる。(1　)は女性をかたどり，豊かな自然の恵みを祈った。

❷ 弥生時代に入ると，邪馬台国の女王(2　)と壱与は巫女として神の意志を聞き，宗教的権威を背景に，30余国を従えたと考えられる。

❸ 飛鳥時代から奈良時代にかけては，女性天皇の活躍が目立った。(3　)天皇は甥の厩戸王を摂政とし，冠位十二階の制の実施や憲法十七条を制定した。

❹ (4　)天皇は大化改新で孝徳天皇に譲位したが，その後重祚して斉明天皇となり，朝鮮半島の百済を救援するため北九州に陣を張ったが，(5　)の戦いに敗北した。

❺ 天武天皇の妃であった(6　)天皇は，夫の死後に即位し，(7　)の造営や飛鳥浄御原令の施行など，律令国家建設を前進させた。

❻ 聖武天皇と光明子との子であった(8　)天皇は，上皇からさらに重祚して称徳天皇となったが，その間(9　)を重用して僧侶政治の弊を招いた。

❼ 7世紀の結婚形態は(10　)であったと考えられている。初めは男性が女性の家に通う形をとるが，夫婦となってからはいずれかの父母のもとで生活するのが普通であった。女性は結婚してもその氏姓を改めることはなく，また自分自身の財産を有していた。

❽ 一方，武士社会では(11　)・夫婦同居が普通で，13世紀には公家・農民社会でも(11　)が行なわれるようになった。

❾ 武士社会の基礎は(12　)制で，(12　)が血縁の一族をまとめて鎌倉幕府に奉公したため，一族のつながりが必要で，母系制社会は解体した。

❿ 江戸時代の武家社会では，「家」の存続が第一に考えられた。そのため家父長権の強い家がいとなまれ，女性には相続権もなく，(13　)の意識が強かった。

⓫ 近代に入っても，1898年に定められた民法では，「家」の制度によって(14　)権がきわめて強く，男女の不平等は近代法のもとでもしっかりと固定された。

⓬ 1900年に制定された(15　)法では，第5条で女性の政治活動を禁止していた。

⓭ 1925年に成立した(16　)法はあくまで男性のみが対象で，女性は除外されて法的不平等は解消しなかった。

⓮ 1886年に発足した(17　)は，キリスト教の立場から廃娼運動を進めた。

⓯ 1911年，(18　)らは(19　)社を結成し，雑誌『(19　)』を発刊して，婦人解放運動に本格的にとりくんだ。

⓰ 婦人参政権運動は，1920年(18　)や市川房枝により設立された(20　)で本格化し，1924年(21　)へと発展し，さらに1925年には(22　)によって普選運動まで進めるにいたった。その間，1922年には婦人の政治運動参加を禁じた(15　)法第5条が改正されて，婦人も政治演説会に参加できるようになった。

⓱ 1921年，山川菊栄や伊藤野枝らは社会主義の立場から婦人解放を進めるため，(23　)

を結成した。

⓲ 1945年，戦後の選挙法改正で史上初めて(24　)権が認められ，翌年，新選挙法のもとでの総選挙が行なわれ，女性議員(25　)名が当選した。

⓳ 1946年に公布された日本国憲法では両性の平等が実現し，翌年制定された教育基本法・学校教育法では(26　)を規定した。また，その年改正された新民法では，「(27　)」制度が廃止され，「(27　)」からの女性の解放がなった。

2 ── 財産相続法

❶ 財産相続については，(28　)律令では貴族は(29　)がすべてを相続することになっていたが，庶民は(29　)にも(30　)にも平等に財産が譲られ，貴族・庶民とも，女性にも財産の一部が譲られることになっていた。

❷ (31　)律令の規定では，貴族・庶民ともに(29　)優先主義が打ち出されたが，(30　)にも(29　)の(32　)の財産を譲ることとし，また(29　)には父母扶養を義務付けた。女性の財産相続についても成文化された。なお，(33　)の制は「家」の相続を制度化したものであった。

❸ 鎌倉幕府が定めた(34　)は，(12　)制を基本とする武士社会の慣習を成文化したものであったが，所領については(35　)が原則であった。

❹ そこでは，女性にも財産相続権が認められ，女性も御家人や(36　)になれ，子がない場合には(37　)をとって家督を相続させることができた。

❺ さらに，母親もいったん子に譲った財産を親がとりもどせる「(38　)」という親権をもち，また，夫が相続について決定する前に死んだ場合は妻に相続決定権があるなど，武士の妻の権限は強大であった。

❻ 鎌倉時代の後半になると，しだいに(35　)から，(39　)へと移行した。女性は相続権を失い，地位が低下して夫への従属性を強めた。戦国大名の(40　)法では，(35　)を否定し，一子相続を規定したものが一般的であった。

❼ 江戸時代になると，武家の場合には「家」と財産を(41　)が単独で相続した。しかし，相続人なしで亡くなった場合，「家」は断絶ということになった。庶民の場合は，領主は年貢負担者の交代に敏感であったので，百姓の相続に干渉することが多かった。また，しだいに(35　)から(39　)へと変わった。

❽ 明治時代の民法では，(14　)権とすべての財産を1人に譲る(42　)を近代法として定めた。それは男子・嫡出子・年長優先であったので，結局は(41　)がすべてを相続した。妻には(42　)の権利はなかった。

❾ 戦後の民主化の中で新民法が定められ(42　)は廃止され，相続は財産のみとなった。新たな規定では，配偶者も相続人として認められ，全体の(43　)を相続し，残りの(44　)を子供が(45　)相続することとした。

❿ さらに1980年の民法改正で，配偶者の相続分は全体の(46　)となった。

30 生活文化史

1── 歴史考古学，絵巻物と生活文化

ポイントはこれだ☆ 考古学の発掘の成果や絵巻物を読み解くことによって，当時の人々の生活文化の具体像をつかんでいくことが重要である。

遺跡など	資料を読み解く	生活文化
①**長屋王邸跡** （奈良時代） 〔奈良県奈良市〕	平城京跡の一角の百貨店建設予定地を事前発掘調査。大規模な邸宅の跡と約4万点の**木簡**が出土。長屋王邸と確認。	食―米，麦，くるみ，かぶ，ふき，かつお，たい，あゆ，あわび，わかめ，みる，塩 氷（夏），牛乳（蘇の原料）
②朝護孫子寺蔵・**信貴山縁起絵巻**（12世紀）〔奈良県生駒郡〕	信貴山朝護孫子寺を再興した命蓮をめぐる3つの逸話を描いた説話絵巻の傑作。躍動感あふれる民衆の表現に注目。	平安時代の衣 貴族…**束帯**，**女房装束** 庶民…**水干**，烏帽子（男性） 小袖（女性）
③平泉・**柳の御所遺跡**（院政期）〔岩手県平泉町〕	12世紀末まで日本の三大都市の1つであった**平泉**。奥州藤原氏の居館であり，奥州統治の政庁であった平泉館の全容。	平安時代の住 貴族…**寝殿造**（築地塀，四足門，寝殿，透渡殿，対屋，釣殿，池，中島）
④**朝倉館跡**（戦国時代）〔福井県福井市〕	戦国大名の朝倉氏は，足羽川の支流の**一乗谷**川にそった南北5kmの谷に城と武家屋敷，町屋，寺院を集めた。	一乗谷全景
⑤**草戸千軒町遺跡**（戦国時代）〔広島県福山市〕	瀬戸内海に注ぐ芦田川河口近く，門前町，港・市場町として栄え，1673年の大洪水で川底に水没した中世都市の姿。	江戸図屏風
⑥国立歴史民俗博物館蔵・**江戸図屏風**（江戸時代）〔千葉県佐倉市〕	左右一対で各6枚の扇からなる屏風。江戸城，大名屋敷，町屋や寺社，近郊風景が描かれ，人々の暮らしが窺える。	
⑦**新橋停車場跡**（明治時代）〔東京都港区〕	日本の鉄道発祥の地。江戸時代の大名屋敷跡の発掘にともない関東大震災で焼失した駅舎とプラットホームを発見。	新橋停車場跡

2 ── 暦の歴史

ポイントはこれだ☆ 中国では漢の時代以降，暦法や天文は，天命を受け儒教的徳治を実現すべき皇帝の権威を示す学術として，国家機構内に組み込まれた。日本でも天皇の統治権に関わるものとして継承され，受容されていった点に注意する。

古墳文化	○干支の使用，大陸より伝来　／埼玉県稲荷山古墳出土鉄剣　辛亥年 ○人々の生活に定着　　　　　＼和歌山県隅田八幡神社人物画像鏡　癸未年
飛鳥文化	○百済僧観勒や渡来人，旻らの留学僧が暦・天文の知識をもたらす 　宋の元嘉暦，唐の儀鳳暦・大衍暦・五紀暦・宣明暦──あいついで導入
白鳳文化	○大宝律令の制定⇨陰陽寮が暦を作成
平安初期	○859　渤海使，唐の**宣明暦**をもたらす。これが日本で行なわれた最後の中国暦法。以後，約800年間つかわれた
鎌倉 室町	仮名暦・版暦　　　　┐──地方暦が発行され，民間に普及する。これは政治権 南都暦・三島暦　　　├──力の分裂化にともない，幕府が朝廷と並び対抗して ・大宮暦・丹生暦など┘──造暦したため広がった
江戸初期	○1685　**貞享暦**に改暦し，実施。この暦は，江戸幕府碁所の**渋川春海**(**安井算哲**)が，元の**授時暦**をもとにつくった日本独自の暦
江戸後期	○1755　貞享暦を廃し，宝暦甲戌暦を施行 ○1798　宝暦暦を廃し，天文方**高橋至時**の**寛政暦**を施行
明治初期	○1872.12　旧暦(太陰太陽暦)を廃して**太陽暦**採用(明治5年12月3日⇨明治6年1月1日) ※その他の民間の暦　**二十四節気**(立春・夏至・秋分など)や**農事暦**

3 ── 印刷と出版の歴史

ポイントはこれだ☆ 古代中国にはじまったという木版印刷が，奈良時代に伝来した。それ以来の印刷・出版と文化の発展を，具体的にたどることが重要である。

木版印刷	奈良時代	**百万塔陀羅尼**(日本最古の印刷物。法隆寺に現存)
	鎌倉時代	「春日版」(興福寺)　　　　　　　　　　　　　　　┐経典や五山文学などを出版。
	室町時代	「**五山版**」(京都五山・鎌倉五山)　　　　　　　　├宗教関係が多い 「高野版」(高野山)　　　　　　　　　　　　　　　┘
活字印刷	1590年代	金属活字。イエズス会士**ヴァリニャーニ**によって印刷機とともに伝来。全文ローマ字によるキリスト教文学，宗教書の翻訳。日本古典の出版など(**キリシタン版・天草版**)
	慶長年間	木製活字。朝鮮から印刷法とともに伝来。後陽成天皇の勅命で開版(**慶長勅版**)
木版印刷	江戸時代	洒落本や草双紙の大量印刷。豪華な暦や浮世絵の印刷 墨刷絵(菱川師宣)⇨**錦絵**(鈴木春信) 大手出版業者の登場＝**蔦屋重三郎**(江戸)
活字印刷	1869	**本木昌造**，鉛製活字の量産に成功⇨活字印刷，本格的に発展

スピード・チェック

30 生活文化史

1 ── 歴史考古学，絵巻物と生活文化

❶ 平城京の一角，平城宮の東南にいとなまれた大規模な邸宅跡が発掘され，多数出土した(1   )から，(2   )の住居であることが明らかになった。右の図1にある(1   )などによって，当時の貴族の食生活の一端を知ることができる。米や塩，あわびなどはもちろん，牛乳から(3   )と呼ばれた乳製品もつくられていた。

❷ 院政期に入り，絵画では大和絵の手法が絵巻物に用いられて発展した。『(4   )』は貴族の需要に応じて描かれ，『(5   )』は都で起きた火事に取材した絵巻で，京都の姿を描いている。平安貴族の服装は，男性は衣冠・(6   )，女性は(7   )・小袿であることが，図2の『(4   )』などから想像され，また図3の『(8   )』から，庶民は男性が(9   )に烏帽子をかぶり，女性は(10   )を着用していたことも想像される。

❸ 奥州(11   )氏三代の栄華を誇った(12   )では，居館と政庁が発掘されつつある（図4）。京都の貴族にならった(13   )風の建物の跡から，大量の土器，中国産の白磁，渥美・常滑の陶器などが多数発見されている。

❹ 戦国大名の(14   )氏は，(15   )に居館を設け，城下町を形成した。図5にみられる居館には15棟の建物，京都風の浄土庭園，庭園井戸，下水道が整備されていた。堅い守りと京都の文化を融合したたたずまいであったことがわかる。

❺ 広島県福山市，芦田川河口の(16   )遺跡は，川底に埋もれた中世の町で，「草市」と呼ばれ室町時代に最盛期をむかえた。発掘の結果，中世庶民の生き生きとした日常生活が復元された（図6）。旺盛な商業活動を支えた(17   )が大量に出土し，(18   )焼のすり鉢やすりこぎなどの調理具や，羽子板や独楽，毬杖（ホッケーのような遊び）など子供たちの遊び道具が暮らしぶりを伝えている。

30　生活文化史

2 ── 暦の歴史，印刷と出版の歴史

❶ 古墳時代には，埼玉県稲荷山古墳出土の鉄剣や和歌山県隅田八幡神社の人物画像鏡銘文にみられる(19　)が大陸から伝来し，しだいに人々の生活に定着していった。

❷ 602年，百済僧(20　)は暦法を伝え，本格的な暦の導入がはかられた。そのほか，渡来人や旻らの留学僧によって暦・天文の知識がもたらされた。

❸ 701年，大宝律令が制定されたが，太政官制の機構のうちの(21　)が暦を作成した。

❹ 859年，渤海使によって唐の(22　)がもたらされた。すでに中国宋の時代の元嘉暦や唐の儀鳳暦・大衍暦・五紀暦があいついで導入されていたが，(22　)が日本で行なわれた最後の中国暦法で，以後約800年間つかわれた暦の古典といってよいものである。

❺ 暦の制定は朝廷の重要な権能の1つであったが，武家政権が成立すると鎌倉幕府は仮名暦や版暦といった(23　)を発行し，朝廷に対抗した。

❻ 1685年，江戸幕府は(24　)がつくった(25　)に改暦した。これは元の授時暦をもとにした日本独自の暦であった。

❼ その後，宝暦暦がつくられたが誤差が目立ち，天文方の(26　)らが幕命を受けて改暦に着手し(27　)をつくった。これは天保暦の制定までつかわれた。

❽ 明治政府は西洋諸国の例にならって(28　)を採用し，明治5年12月3日を明治6年1月1日とし切り換えをはかった。この年は旧暦では19年に7回おかれる閏月をおく年にあたっていたので，政府官吏の俸給の支給が13カ月分に及び，財政を圧迫することをおそれた大蔵省がこの政策を建議した。

❾ そうした暦とは別に，民間では立春，夏至，秋分など季節の移り変わりを主にした(29　)を用い，農作業などを進めた。

❿ 木版印刷の歴史は百万塔(30　)にはじまる。これは仏教の教典(30　)経を木版印刷し，百万個の木造小塔内部にそれぞれおさめたもので，奈良時代に孝謙上皇によって進められ，(31　)にその一部が現存している。これが日本最古の印刷物である。

⓫ 鎌倉時代には興福寺から「春日版」が，室町時代には京都五山・鎌倉五山から「(32　)」が，高野山から「高野版」が出され，経典や五山文学の出版を行なった。

⓬ イエズス会巡察士(33　)によって，ヨーロッパの金属活字と印刷機が招来した。キリシタン版や(34　)版と呼ばれる，全文ローマ字による『イソポ物語』や『平家物語』が出版された。

⓭ 慶長年間には，豊臣秀吉の朝鮮出兵の折，朝鮮から木製活字と印刷法がもたらされた。これにより(35　)天皇の勅命によって，(36　)が出された。

⓮ 江戸時代後期，庶民文化が発達し(37　)や滑稽本などの大衆小説が盛行した。これらは版木に裏文字を彫る木版印刷によって大量印刷され，庶民の需要を満たした。

⓯ 木版印刷の技術は高度化し，(38　)版画をうんだ。菱川師宣の一色刷りの墨刷絵から，のちに(39　)によって多色刷りの(40　)が創始された。

⓰ 1869年，(41　)は鉛製活字の量産に成功した。これにより，活字印刷がしだいに普及・発展した。

121

30日完成	
スピードマスター日本文化史問題集	

2016年3月25日　第1版1刷発行
2017年6月10日　第1版3刷発行

編　者	東京都歴史教育研究会
発行者	野澤　伸平
印刷所	明和印刷株式会社
製本所	有限会社　穴口製本所
発行所	株式会社　山川出版社
	〒101-0047　東京都千代田区内神田1-13-13
	電話　03-3293-8131（営業）　03-3293-8135（編集）
	https://www.yamakawa.co.jp/
	振替口座　00120-9-43993
装　幀	水戸部功＋菊地信義

Ⓒ 2016 Printed in Japan　ISBN978-4-634-01063-5

●造本には十分注意しておりますが，万一，落丁・乱丁などがございましたら，営業部宛にお送りください。送料小社負担にてお取り替えいたします。
●定価はカバーに表示してあります。

スピードマスター
日本文化史問題集

解　答

山川出版社

1 スピード・チェック
旧石器文化／縄文文化
1―旧石器文化
1. 更新世　2. 氷河時代　3. マンモス
4. ナウマンゾウ　5. 打製石器　6. 旧石器　7. 狩猟　8. 握槌　9. ナイフ形石器　10. 尖頭器　11. 細石器

2―縄文文化
12. 完新世　13. 日本列島　14. 縄文
15. 弓矢　16. 磨製石器　17. 新石器
18. 土器　19. 縄文土器　20. 6
21. 漁労　22. 貝塚　23. 石鏃
24. 石匙　25. 石斧　26・27. 石皿・すり石　28. 釣針　29. 骨角器
30. 丸木舟　31. 竪穴住居　32. 集落
33. 貯蔵穴　34. 和田峠　35. 黒曜石
36. ひすい(硬玉)　37. サヌカイト
38. アニミズム　39. 呪術　40. 土偶
41. 石棒　42. 抜歯　43. 屈葬

3―主な遺跡
44. 浜北　45. 港川　46. 岩宿
47. 関東ローム層　48. 野尻湖
49. 大森　50. 夏島　51. 亀ヶ岡
52. 三内丸山　53. 菜畑

2 スピード・チェック
弥生文化
1―弥生文化
1. 水稲　2. 青銅器　3. 弥生　4. 板付　5. 垂柳　6. 弥生土器　7. 弥生町　8. 甕　9. 壺　10. 高杯(坏)
11. 甑　12. 湿田　13. 乾田　14. 登呂　15. 木製　16. 石斧
17・18. 木鋤・木鍬　19. 直播
20. 石包丁　21. 穂首刈り
22・23. 木臼・竪杵　24. 高床倉庫
25. 田下駄　26. 大足　27. 田植え
28. 鋤　29. 刀子　30. 斧　31. 環濠

集落　32. 大塚　33. 吉野ケ里
34. 唐古・鍵　35. 高地性集落

2―祭祀
36. 伸展葬　37. 支石墓　38. 甕棺墓
39. 箱式石棺墓　40. 木棺墓　41. 土壙墓　42. 方形周溝墓　43. 墳丘墓
44. 銅戈　45. 銅矛　46. 銅剣
47. 銅鐸　48. 荒神谷　49. 加茂岩倉

3 スピード・チェック
古墳文化
1―古墳文化の変遷
1. 3　2. 前方後円墳　3. 大和
4. ヤマト政権　5. 前期・中期・後期
6・7. 円墳・方墳　8. 前方後円墳
9. 埴輪　10. 葺石　11. 円筒埴輪
12. 形象埴輪　13. 木棺　14. 竪穴式
15. 粘土槨　16. 横穴式　17. 玄室
18. 羨道　19. 銅鏡　20. 馬具
21. 大仙陵古墳(仁徳天皇陵古墳)
22. 大王　23. 群集墳　24. 岩橋千塚古墳群　25. 装飾古墳　26. 横穴墓
27. 八角墳　28. 高松塚　29. キトラ

2―古墳時代の生活と信仰
30. 平地住居　31. カマド　32. 土師器　33. 須恵器　34. 祈年の祭
35. 新嘗の祭　36. 禊　37. 祓
38. 太占の法　39. 盟神探湯　40. 大神神社　41. 宗像大社　42. 氏神
43. 伊勢神宮　44. 出雲大社　45. 住吉大社

3―渡来人と大陸文化
46. 渡来人　47. 王仁　48. 阿知使主
49. 秦氏　50. 漢字　51. 隅田八幡神社　52. 江田船山　53. 稲荷山
54. 五経博士　55. 儒教　56. 仏教
57. 552　58. 上宮聖徳法王帝説
59. 538　60. 帝紀　61. 旧辞

4 スピード・チェック
飛鳥文化／白鳳文化

1―飛鳥文化
1. 飛鳥　2. 氏寺　3. 飛鳥寺(法興寺)
4. 法隆寺(斑鳩寺)　5. 秦　6. 法隆寺
7. 若草　8. 釈迦三尊像　9. 鞍作鳥
(止利仏師)　10. 救世観音像　11. 釈迦如来像　12. 北魏　13. 半跏思惟像
14. 百済観音像　15. 玉虫厨子
16. 天寿国繡帳　17. 獅子狩文様錦
18. 竜首水瓶　19. エンタシス
20. 忍冬唐草文様　21. 曇徴　22. 観勒　23. 暦法　24・25. 天皇記・国記

2―白鳳文化
26. 白鳳文化　27. 官大寺(官寺)
28. 大官大寺　29. 薬師寺　30. 薬師寺東塔　31. 裳階　32. 山田寺
33. 薬師三尊像　34. 聖観音像
35. 興福寺仏頭　36. 法隆寺金堂壁画
37. アジャンター　38. 敦煌　39. 高松塚古墳　40. キトラ古墳　41. 大津皇子　42. 懐風藻　43. 柿本人麻呂
44. 額田王　45. 万葉集

3―伽藍配置
46. 塔　47. 金堂　48. 講堂　49. 飛鳥寺　50. 四天王寺　51. 法隆寺
52. 薬師寺

5 スピード・チェック
天平文化

1―天平文化
1. 聖武　2. 天平文化　3. 遣唐使
4. 鑑真　5. 唐招提寺　6. 講堂
7. 正倉院　8. 校倉造　9. 光明皇太后
10. 螺鈿紫檀五絃琵琶　11. シルクロード　12. 法華堂　13. 不空羂索観音像
14. 乾漆像　15. 日光・月光菩薩像
16. 塑像　17. 阿修羅像　18. 鑑真像

19. 執金剛神像　20. 吉祥天像
21. 鳥毛立女屛風　22. 百万塔
23. 百万塔陀羅尼　24. 古事記
25. 稗田阿礼　26. 太安万侶(安麻呂)
27. 日本書紀　28. 舎人親王　29. 六国史　30. 風土記　31. 出雲国風土記
32. 淡海三船　33. 芸亭　34. 石上宅嗣　35. 懐風藻　36. 万葉集
37. 東歌　38. 万葉仮名　39. 山上憶良　40. 山部赤人　41. 大伴家持
42. 大学　43. 国学　44. 明経道

2―国家仏教
45. 鎮護国家　46. 南都七大寺
47. 南都六宗　48. 三論　49. 華厳
50. 律　51. 戒律　52. 戒壇　53. 僧尼令　54. 行基　55. 大仏(盧舎那仏)
56. 菩提僊那　57. 林邑楽　58. 悲田院　59. 和気広虫　60. 道鏡

6 スピード・チェック
弘仁・貞観文化

1―弘仁・貞観文化
1. 唐　2. 弘仁・貞観文化　3. 嵯峨
4. 凌雲集　5. 文華秀麗集　6. 経国集
7. 文鏡秘府論　8. 性霊集　9. 嵯峨
10. 橘逸勢　11. 三筆　12. 風信帖
13. 大師流　14. 続日本紀　15. 日本三代実録　16. 六国史　17. 類聚国史
18. 紀伝道　19. 大学別曹　20. 勧学院　21. 学館院　22. 奨学院
23. 綜芸種智院　24. 儀式　25. 新撰姓氏録　26. 日本霊異記

2―平安新仏教と密教芸術
27. 天台宗　28. 法華経　29. 延暦寺
30. 大乗戒壇　31. 山家学生式
32. 顕戒論　33. 真言宗　34. 密教
35. 顕教　36. 三教指帰　37. 十住心論　38. 金剛峰寺　39. 教王護国寺

(東寺) 40.満濃池　41.円仁
42.東密　43.台密　44.山門派
45.園城寺　46.寺門派　47.修験道
48.神仏習合　49.神宮寺　50.室生寺　51.春日造　52.流造　53.一木造　54.翻波式　55.如意輪観音像
56.薬師如来像　57.僧形八幡神像
58.黄不動　59.曼荼羅　60.神護寺

7 スピード・チェック　国風文化 I

1―国風文化
1.国風文化　2.藤原文化　3.寝殿造
4.東三条殿　5.大和絵　6.巨勢金岡
7.蒔絵　8.螺鈿　9.和様　10.三跡(蹟)　11.小野道風　12.藤原行成
13.離洛帖　14.世尊寺流　15.本朝文粋　16.源順　17.和名類聚抄

2―浄土教信仰と浄土教芸術
18.加持祈禱　19.本地垂迹説
20.御霊会　21.祇園社(八坂神社)
22.北野神社　23.浄土教　24.聖
25.空也　26.市聖　27.源信
28.往生要集　29.往生伝　30.慶滋保胤　31.拾遺往生伝　32.末法思想
33.1052　34.阿弥陀堂　35.法成寺
36.平等院鳳凰堂　37.定朝　38.寄木造　39.法界寺　40.来迎図
41.高野山

3―貴族と庶民の生活文化
42.束帯　43.衣冠　44.直衣
45.十二単　46.女房装束　47.小袿
48.麻　49.水干　50.小袖　51.元服　52.裳着　53.年中行事
54.西宮記　55.北山抄　56.小右記
57.御堂関白記　58.陰陽道　59.物忌　60.方違

8 スピード・チェック　国風文化 II／院政期の文化

1―国文学の発展
1.かな文字　2.国文学　3.平がな
4.女手　5.いろは歌　6.片かな
7.竹取物語　8.歌物語　9.伊勢物語
10.宇津保物語　11.落窪物語
12.紫式部　13.彰子　14.源氏物語
15.枕草子　16.清少納言　17.紀貫之　18.土佐日記　19.藤原道綱の母
20.蜻蛉日記　21.更級日記　22.醍醐天皇　23.古今和歌集　24.八代集
25.古今調　26.仮名序　27.在原業平　28.六歌仙　29.和漢朗詠集

2―院政期の文化／地方文化の発展
30.白拍子　31.今様　32.猿楽
33.後白河法皇　34.催馬楽　35.梁塵秘抄　36.田楽　37.今昔物語集
38.和漢混淆文　39.将門記　40.陸奥話記　41.軍記物語　42.栄花(華)物語　43.大鏡　44.今鏡　45.絵巻物　46.源氏物語絵巻　47.吹抜屋台　48.伴大納言絵巻　49.信貴山縁起絵巻　50.鳥獣戯画　51.扇面古写経　52.白水阿弥陀堂　53.富貴寺大堂　54.平泉　55.中尊寺金色堂
56.毛越寺　57.三仏寺　58.臼杵
59.厳島神社　60.平家納経

9 スピード・チェック　鎌倉文化 I

1―鎌倉新仏教の成立と旧仏教の刷新
1.法然　2.念仏　3.専修念仏
4.選択本願念仏集　5.知恩院　6.親鸞　7.悪人正機　8.教行信証
9.歎異抄　10.本願寺　11.一遍
12.清浄光寺　13.踊念仏　14.一遍上人絵伝　15.一遍上人語録　16.日

蓮　17.題目　18.立正安国論
19.久遠寺　20.坐禅　21.禅宗
22.栄西　23.興禅護国論　24.蘭溪道隆　25.無学祖元　26.只管打坐
27.道元　28.永平寺　29.正法眼蔵
30.貞慶(解脱)　31.明恵(高弁)
32.叡尊(思円)　33.北山十八間戸

2―鎌倉時代の学問・思想・文学

34.有職故実　35.禁秘抄　36.朱子学　37.度会家行　38.伊勢神道(度会神道)　39.慈円　40.吾妻鏡
41.虎関師錬　42.金沢(北条)実時
43.金沢文庫　44.西行　45.藤原定家　46.新古今和歌集　47.金槐和歌集　48.沙石集　49.古今著聞集
50.鴨長明　51.兼好法師(吉田兼好・卜部兼好)　52.十六夜日記　53.東関紀行　54.軍記物語　55.平家物語
56.琵琶法師

10 スピード・チェック 鎌倉文化Ⅱ

1―鎌倉時代の美術工芸

1.重源　2.大仏様(天竺様)　3.東大寺南大門　4.陳和卿　5.円覚寺舎利殿　6.禅宗様(唐様)　7.蓮華王院本堂(三十三間堂)　8.和様　9.折衷様
10.観心寺金堂　11.奈良仏師
12.運慶　13.無著・世親像　14.快慶　15.僧形八幡神像　16.東大寺南大門金剛力士像　17.天灯鬼・竜灯鬼像　18.空也上人像　19.重源上人像
20.上杉重房像　21.高徳院阿弥陀如来像　22.北野天神縁起絵巻　23.粉河寺縁起絵巻　24.石山寺縁起絵巻
25.春日権現験記　26.法然上人絵伝
27.一遍上人絵伝(一遍聖絵)　28.地獄草紙　29.餓鬼草紙　30.後三年合戦

絵巻　31.平治物語絵巻　32.蒙古襲来絵巻　33.男衾三郎絵巻　34.似絵
35.藤原隆信　36.平重盛像　37.藤原信実　38.鏡御影　39.頂相
40.明恵上人樹上坐禅図　41.青蓮院流
42.鷹巣帖　43.明珍　44.藤四郎吉光　45.正宗　46.長光　47.瀬戸焼

11 スピード・チェック 南北朝文化／北山文化

1―南北朝時代の文化

1.建武年中行事　2.増鏡　3.北畠親房　4.神皇正統記　5.梅松論
6.太平記　7.太平記読み　8.難太平記　9.曽我物語　10.新葉和歌集
11.連歌　12.菟玖波集　13.二条良基　14.慕帰絵詞

2―北山文化

15.足利義満　16.鹿苑寺金閣
17.北山文化　18.夢窓疎石　19.天竜寺　20.官寺の制　21.五山の制
22.十刹の制　23.南禅寺　24.建長寺　25.五山文学　26.義堂周信
27.絶海中津　28.五山版　29.能(能楽)　30.大和猿楽四座　31.観阿弥
32.世阿弥　33.猿楽能　34.謡曲
35.風姿花伝(花伝書)　36.闘茶
37.茶寄合　38.立花　39.鹿苑寺
40.寝殿造　41.禅宗様　42.興福寺五重塔　43.枯山水　44.西芳寺
45.水墨画　46.山水画　47.明兆
48.如拙　49.周文

12 スピード・チェック 東山文化

1―東山文化

1.足利義政　2.銀閣　3.東山文化

4. 林下　5. 一休宗純　6. 蓮如
7. 講　8. 石山本願寺　9. 加賀の一向一揆　10. 日親　11. 法華一揆
12. 天文法華の乱　13. 唯一神道
14. 吉田兼倶　15. 一条兼良　16. 公事根源　17. 樵談治要　18. 狂言
19. 幸若舞　20. 古浄瑠璃　21. 閑吟集　22. 風流踊り　23. 念仏踊り
24. 盆踊り　25. 宗祇　26. 正風連歌
27. 新撰菟玖波集　28. 宗鑑　29. 犬筑波集　30. 俳諧連歌　31. 古今伝授
32. 御伽草子　33. 物くさ太郎
34. 侘茶(茶道・茶の湯)　35. 村田珠光
36. 武野紹鷗　37. 池坊専慶　38. 書院造　39. 慈照寺東求堂同仁斎
40. 慈照寺　41. 禅宗様　42. 書院造
43. 竜安寺石庭　44. 大仙院庭園
45. 雪舟　46. 四季山水図巻(山水長巻)
47. 土佐光信　48. 狩野正信　49. 狩野元信　50. 後藤祐乗　51. 桂庵玄樹
52. 薩南学派　53. 南村梅軒　54. 南学　55. 上杉憲実　56. 足利学校
57. 庭訓往来　58. 節用集

13 スピード・チェック　近世初期の文化

1—桃山文化

1. 城郭建築　2. 天守閣　3. 書院造
4. 平城　5. 姫路城　6. 平山城
7. 障壁画(障屏画)　8. 濃絵　9. 聚楽第　10. 飛雲閣　11. 伏見城
12. 都久夫須麻神社本殿　13. 狩野永徳
14. 洛中洛外図屏風　15. 唐獅子図屏風
16. 狩野山楽　17. 松鷹図　18. 松林図屏風　19. 長谷川等伯　20. 智積院襖絵　21. 海北友松　22. 山水図屏風
23. 花下遊楽図屏風　24. 狩野長信
25. 高雄観楓図屏風　26. 高台寺蒔絵
27. 活字印刷術　28. 慶長勅版(版本)
29. 侘茶　30. 茶道　31. 北野大茶湯
32. 妙喜庵茶室(妙喜庵待庵)　33. 織田有楽斎　34. 如庵　35. 古田織部
36. 小堀遠州　37. 出雲阿国　38. 阿国歌舞伎　39. 女歌舞伎　40. 三味線
41. 人形浄瑠璃　42. 高三隆達
43. 隆達節　44. 南蛮屏風　45. ヴァリニャーニ　46. キリシタン版(天草版)　47. 小袖　48. 腰巻

2—寛永期の文化

49. 寛永期の文化　50. 日光東照宮
51. 権現造　52. 桂離宮　53. 八条宮智仁親王　54. 舟橋蒔絵硯箱　55. 本阿弥光悦　56. 萩焼　57. 高取焼
58. 有田　59. 酒井田柿右衛門
60. 赤絵

14 スピード・チェック　近世の学問・思想

1—儒学の興隆

1. 朱子学　2. 藤原惺窩　3. 京学
4. 林鳳岡(信篤)　5. 大学頭　6. 木下順庵　7. 新井白石　8. 室鳩巣
9. 南学　10. 山崎闇斎　11. 正学
12. 陽明学　13. 柴野栗山　14. 寛政の三博士　15. 中江藤樹　16. 熊沢蕃山　17. 池田光政　18. 大学或問
19. 聖教要録　20. 伊藤仁斎　21. 伊藤東涯　22. 荻生徂徠　23. 古文辞
24. 経世論　25. 太宰春台　26. 尊王論　27. 宝暦事件　28. 山県大弐
29. 藤田東湖　30. 会沢安(正志斎)
31. 水戸学　32. 自然真営道　33. 海保青陵　34. 本多利明　35. 農政本論
36. 出定後語　37. 夢の代　38. 赤蝦夷風説考　39. 海国兵談

2—学問の発達

40. 林鵞峰　41. 本朝通鑑　42. 徳川光圀　43. 大義名分　44. 折たく柴の記　45. 藩翰譜　46. 塵劫記　47. 発微算法　48. 本草学　49. 貞享暦　50. シドッチ　51. 西川如見　52. 創学校啓　53. 古道説　54. ターヘル＝アナトミア　55. 暦象新書　56. 大槻玄沢　57. 寛政暦　58. 高橋景保　59. 渡辺崋山

15 スピード・チェック 元禄文化

1—文芸・生活・宗教

1. 元禄文化　2. 幕藩体制　3. 現実肯定　4. 町人文芸　5. 浮き世　6. 御伽草子　7. 仮名草子　8. 浮世草子　9. 井原西鶴　10. 世間胸算用　11. 西山宗因　12. 蕉風(正風)俳諧　13. 笈の小文　14. 三味線　15. 義太夫節　16. 国性(姓)爺合戦　17. 曽根崎心中　18. 野郎歌舞伎　19. 芝居小屋　20. 女形　21. 坂田藤十郎　22. 市川団十郎　23. 振袖　24. 元禄模様　25. 二階建て　26. 土蔵　27. 隠元隆琦　28. 黄檗宗　29. 万福寺

2—元禄美術

30. 上方　31. 土佐派　32. 土佐光起　33. 住吉具慶　34. 御用絵師　35. 洛中洛外図巻　36. 尾形光琳　37. 燕子花図屏風　38. 菱川師宣　39. 見返り美人図　40. 八橋蒔絵螺鈿硯箱　41. 宮崎友禅　42. 鉈　43. 円空　44. 護法神像　45. 京焼　46. 色絵　47. 野々村仁清　48. 京焼の祖　49. 色絵吉野山図茶壺　50. 尾形乾山　51. 下谷　52. 後楽園　53. 六義園

16 スピード・チェック 宝暦・天明期の文化／化政文化

1—宝暦・天明期の文化

1. 貸本屋　2. 草双紙　3. 洒落本　4. 山東京伝　5. 蔦屋重三郎　6. 寛政の改革　7. 黄表紙　8. 恋川春町　9. 金々先生栄花夢　10. 蕪村　11. 川柳　12. 柄井川柳　13. 誹風柳多留　14. 狂歌　15. 大田南畝(蜀山人)　16. 竹田出雲　17. 近松半二　18. 唄浄瑠璃　19. 江戸三座　20. 浮世絵　21. 錦絵　22. 喜多川歌麿　23. 東洲斎写楽　24. 円山応挙　25. 文人画　26. 池大雅　27. 司馬江漢　28. 亜欧堂田善

2—化政文化

29. 徳川家斉　30. 滑稽本　31. 十返舎一九　32. 式亭三馬　33. 人情本　34. 為永春水　35. 天保の改革　36. 合巻　37. 柳亭種彦　38. 修紫田舎源氏　39. 読本　40. 上田秋成　41. 雨月物語　42. 曲亭馬琴　43. 小林一茶　44. 香川景樹　45. 良寛　46. 北越雪譜　47. 葛飾北斎　48. 歌川広重　49. 呉春(松村月渓)　50. 渡辺崋山　51. 芝居小屋　52. 鶴屋南北　53. 河竹黙阿弥　54. 寄席　55. 村芝居　56. 開帳　57. 巡礼　58. 日待　59. 庚申講

17 スピード・チェック 文明開化と明治の文化Ⅰ

1—文明開化期の文化

1. 文明開化　2. 天賦人権　3. 福沢諭吉　4. 中村正直　5. 文部省　6. 学制　7. 教育令　8. 東京大学　9. 慶応義塾　10. 同志社　11. 神仏分離令　12. 廃仏毀釈　13. 大教宣布の詔

14. 紀元節　15. 天長節　16. キリスト教　17. 本木昌造　18. 横浜毎日新聞　19. 明六社　20. 太陽暦　21. ざんぎり頭

2―明治の文化Ⅰ

22. 民友社　23. 国民之友　24. 政教社　25. 日本　26. 国民主義　27. 高山樗牛　28. 日本主義　29. 国家主義　30. 島地黙雷　31. 森有礼　32. 学校令　33. 義務教育　34. 6　35. 教育に関する勅語(教育勅語)　36. 国定　37. 内村鑑三　38. ボアソナード　39. ドイツ　40. 日本開化小史　41. 久米邦武　42. 神道　43. 北里柴三郎　44. 赤痢菌　45. 長岡半太郎　46. Z項　47. モース　48. 大森貝塚　49. クラーク　50. ナウマン　51. ベルツ　52. ベルツの日記

18　スピード・チェック　明治の文化Ⅱ

1―ジャーナリズムの発達と近代文学の成立

1. 万朝報　2. 郵便報知新聞　3. 東京日日新聞　4. 日本人　5. 太陽　6. 中央公論　7. 戯作文学　8. 安愚楽鍋　9. 政治小説　10. 経国美談　11. 佳人之奇遇　12. 小説神髄　13. 二葉亭四迷　14. 硯友社　15. 我楽多文庫　16. 五重塔　17. 文学界　18. ロマン主義　19. 樋口一葉　20. 舞姫　21. 若菜集　22. 与謝野晶子　23. ホトトギス　24. アララギ　25. 徳冨蘆花　26. 不如帰　27. 自然主義　28. 国木田独歩　29. 田山花袋　30. 島崎藤村　31. 夜明け前　32. 徳田秋声　33. 石川啄木　34. 吾輩は猫である　35. 坊っちゃん　36. 白樺　37. 青鞜

2―近代芸術の発達

38. 河竹黙阿弥　39. 団菊左　40. 新派劇　41. 文芸協会　42. 自由劇場　43. 伊沢修二　44. 東京音楽学校　45. 滝廉太郎　46. 東京美術学校　47. フェノロサ　48. 浅井忠　49. 黒田清輝　50. 日本美術院　51. 文部省美術展覧会(文展)　52. 帝国美術院展覧会(帝展)　53. 木彫　54. 彫塑

19　スピード・チェック　大正の文化

1―大正デモクラシー

1. 美濃部達吉　2. 天皇機関説　3. 吉野作造　4. 民本主義　5. 黎明会　6. 新人会　7. 我等　8. 福田徳三　9. 河上肇　10. 貧乏物語　11. 資本論　12. 北一輝　13. 国家社会

2―大衆文化の登場

14. 大衆　15. 義務教育　16. 大学令　17. 総合雑誌　18. 円本　19. キング　20. ラジオ放送　21. 映画　22. 大衆　23. 文化住宅　24. 理化学研究所　25. 航空研究所　26. 黄熱病　27. 本多光太郎　28. 善の研究　29. 津田左右吉　30. 神代史の研究　31. 民俗学　32. 永井荷風　33. 痴人の愛　34. 新思潮　35. 芥川竜之介　36. 菊池寛　37. 白樺　38. 志賀直哉　39. 有島武郎　40. プロレタリア文学　41. 葉山嘉樹　42. 蟹工船　43. 太陽のない街　44. 大菩薩峠　45. 吉川英治　46. 芸術座　47. 復活　48. 小山内薫　49. 築地小劇場　50. 山田耕筰　51. 二科会　52. 春陽会　53. 横山大観

20 スピード・チェック 昭和・平成の文化

1―戦前の文化
1. 国家社会　2. 転向　3. 赤松克麿
4. 社会大衆党　5. 鍋山貞親　6. 森戸辰男　7. 滝川幸辰　8. 美濃部達吉
9. 天皇機関説　10. 国体明徴声明
11. 矢内原忠雄　12. 河合栄治郎
13. 津田左右吉

2―戦後の文化
14. アメリカ教育使節団　15. 教育基本法　16. 学校教育法　17. 教育委員会
18. 中央公論　19. 日本放送協会（NHK）　20. ラジオ放送　21. 法隆寺金堂壁画　22. 文化財保護法
23. 文化勲章　24. 登呂遺跡　25. 岩宿遺跡　26. 政治学　27. 湯川秀樹
28. 日本学術会議　29. リンゴの歌（唄）
30. 黒澤明　31. 武道　32. プロ野球
33. 三種の神器　34. 3C（新三種の神器）　35. 東海道新幹線　36. 瀬戸大橋　37. 新東京国際空港　38. 公害対策基本法　39. 環境庁　40. 文化庁
41. 南極観測　42. 原子力研究所
43. 朝永振一郎　44. 大江健三郎
45. 日本万国博覧会　46. 科学技術博覧会　47. 太宰治　48. 三島由紀夫
49. 井上靖　50. 松本清張

21 スピード・チェック 教育史

1―古代～近世の教育史
1. 大学　2. 国学　3. 芸亭　4. 大学別曹　5. 藤原氏　6. 和気氏　7. 橘氏　8. 在原氏　9. 綜芸種智院
10. 金沢文庫　11. 足利学校　12. 上杉憲実　13. 庭訓往来　14. 節用集
15. 閑谷学校　16. 花畠教場　17. 中江藤樹　18. 藤樹書院　19. 洗心洞
20. 古義堂（堀川塾）　21. 古義学
22. 蘐園塾　23. 古文辞学　24. 懐徳堂　25. 咸宜園　26. 大槻玄沢
27. 芝蘭堂　28. 緒方洪庵　29. 適（々斎）塾　30. シーボルト　31. 鳴滝塾
32. 聖堂学問所　33. 昌平坂学問所
34. 興譲館　35. 日新館　36. 弘道館
37. 寺子屋　38. 心学

2―近代教育史
39. フランス　40. 学制　41. 東京大学　42. アメリカ　43. 教育令
44. 森有礼　45. 学校令　46. 井上毅
47. 忠君愛国　48. 国定教科書
49. 6年間　50. 戊申詔書　51. 慶応義塾　52. 同志社英学校　53. 東京専門学校　54. 国民学校　55. 修身
56. 教育基本法　57. 9年制　58. 学校教育法　59. 教育委員会　60. 任命制

22 スピード・チェック 芸能・演劇史

1―演劇の歴史
1. 伎楽　2. 散楽　3. 猿楽　4. 田楽
5. 今様　6. 後白河法皇　7. 金春
8. 観世　9. 風姿花伝（花伝書）
10. 謡曲　11. 狂言　12. 三味線
13. 人形浄瑠璃　14. 竹本義太夫
15. 世話物　16. 曽根崎心中　17. 辰松八郎兵衛　18. 竹田出雲　19. 近松半二　20. 唄浄瑠璃　21. 出雲阿国
22. 若衆歌舞伎　23. 坂田藤十郎
24. 荒事　25. 中村座　26. 鶴屋南北
27. 白浪物　28. 団菊左時代　29. 川上音二郎　30. 新派劇　31. 島村抱月
32. 松井須磨子　33. 小山内薫
34. 築地小劇場

2―書道・茶道・花道・香道の歴史

35. 風信帖　36. 橘逸勢　37. 唐風
38. 小野道風　39. 三跡(蹟)　40. 離洛帖　41. 尊円入道親王　42. 青蓮院
43. 栄西　44. 闘茶　45. 村田珠光
46. 侘茶　47. 武野紹鷗　48. 妙喜庵茶室(待庵)　49. 織田有楽斎　50. 北野大茶湯　51. 立花　52. 池坊専慶

23 スピード・チェック
宗教史Ⅰ

1―仏教の伝来と興隆，奈良・平安時代の仏教

1. 蘇我稲目　2. 氏寺　3. 飛鳥寺
4. 上宮聖徳法王帝説　5. 聖明王
6. 四天王寺　7. 南都六宗　8. 鑑真
9. 唐招提寺　10. 大安　11. 良弁
12. 鎮護国家　13. 金光明四天王護国之寺　14. 大仏造立の詔　15. 最澄
16. 比叡山延暦寺　17. 園城寺
18. 寺門　19. 密教　20. 東密
21. 教王護国寺　22. 六波羅蜜寺
23. 空也　24. 往生要集　25. 末法
26. 慶滋保胤

2―中世～近世の仏教

27. 一遍　28. 踊念仏　29. 悪人正機
30. 立正安国論　31. 華厳　32. 北山十八間戸　33. 栄西　34. 公案
35. 只管打坐　36. 正法眼蔵　37. 妙心寺　38. 林下　39. 一休宗純
40. 無学祖元　41. 夢窓疎石　42. 蘭溪道隆　43. 吉崎道場(御坊)　44. 蓮如　45. 御文　46. 日親　47. 天文法華の乱　48. 隠元隆琦　49. 黄檗宗
50. 諸宗寺院法度　51. 寺社奉行
52. 不受不施派

24 スピード・チェック
宗教史Ⅱ

1―神道の歴史

1. 神仏習合　2. 神宮寺　3. 僧形八幡神像　4. 本地垂迹説　5. 両部神道
6. 伊勢神宮　7. 宗像大社　8. 度会家行　9. 神本仏迹説(反本地垂迹説)
10. 類聚神祇本源　11. 吉田兼倶
12. 吉川惟足　13. 垂加神道　14. 山崎闇斎　15. 御蔭参り　16. 教派神道
17. 平田篤胤　18. 中山みき　19. 金光教　20. 神仏分離令　21. 廃仏毀釈
22. 大教宣布の詔　23. 天長節

2―日本におけるキリスト教の歴史，民間宗教史

24. 大友義鎮(宗麟)　25. キリシタン大名　26. ヴァリニャーニ　27. 天正遣欧使節　28. イエズス(耶蘇)　29. 南蛮寺　30. コレジオ　31. 長崎
32. バテレン(宣教師)追放令　33. サン＝フェリペ号事件　34. 26聖人殉教
35. 高山右近　36. 元和の大殉教
37. 絵踏　38. 寺請制度　39. 宗門改め　40. 浦上教徒弾圧事件　41. 五榜の掲示　42. 1873　43. 内村鑑三
44. ジェーンズ　45. 海老名弾正
46. 庚申講　47. 青面金剛　48. 月待

25 スピード・チェック
美術史Ⅰ（絵画・彫刻）

1―古代～中世の絵画・彫刻史

1. 法隆寺釈迦三尊像　2. 法隆寺百済観音像　3. 法隆寺玉虫厨子　4. 興福寺仏頭　5. 高松塚古墳壁画　6. 塑像
7. 乾漆像　8. 四天王像　9. 東大寺法華堂不空羂索観音像　10. 薬師寺吉祥天像　11. 一木造・翻波式　12. 室生寺弥勒堂釈迦如来坐像　13. 神護寺両

界曼荼羅　14. 定朝　15. 寄木造
16. 高野山聖衆来迎図　17. 大和絵
18. 扇面古写経　19. 源氏物語絵巻
20. 伴大納言絵巻　21・22. 北野天神縁起絵巻・春日権現験記・石山寺縁起絵巻
23. 一遍上人絵伝　24. 法然上人絵伝
25. 慶派　26. 東大寺南大門金剛力士像
27. 藤原隆信　28. 雪舟　29. 四季山水図巻　30. 狩野派

2―近世～近代の絵画・彫刻史
31. 濃絵　32. 狩野永徳　33. 南蛮屏風　34. 狩野探幽　35. 土佐光起
36. 住吉具慶　37. 俵屋宗達　38. 風神雷神図屛風　39. 尾形光琳　40. 菱川師宣　41. 錦絵　42. 喜多川歌麿
43. 東洲斎写楽　44. 葛飾北斎
45. 歌川広重　46. 文人画　47. 十便十宜図　48. 司馬江漢　49. 不忍池図
50. フェノロサ　51. 岡倉天心
52. 悲母観音　53. 狩野芳崖　54. 明治美術会　55. 黒田清輝　56. 白馬会
57. 読書　58. 老猿　59. 荻原守衛
60. 朝倉文夫

26　スピード・チェック　美術史Ⅱ（建築・工芸・焼き物）

1―古代～近代の建築史
1. 神明造　2. 大社造　3. 住吉造
4. 法隆寺　5. 薬師寺東塔　6. 東大寺法華堂　7. 唐招提寺講堂　8. 正倉院
9. 校倉造　10. 室生寺金堂(室生寺五重塔)　11. 白木造　12. 寝殿造
13. 平等院鳳凰堂　14. 中尊寺
15. 毛越寺　16. 白水阿弥陀堂
17. 富貴寺大堂　18. 大仏様　19. 禅宗様　20. 石山寺多宝塔　21. 蓮華王院本堂　22. 折衷様　23. 寝殿造
24. 鹿苑寺金閣　25. 寝殿造　26. 禅宗様　27. 慈照寺銀閣　28. 書院造
29. 枯山水　30. 竜安寺　31・32. 大徳寺唐門・西本願寺飛雲閣　33. 都久夫須麻神社　34. 数寄屋造
35・36. 桂離宮・修学院離宮　37. 東照宮　38. 権現造　39. コンドル
40. 辰野金吾　41. 片山東熊

2―工芸と「焼き物」の歴史
42. 土師器　43. 須恵器　44. 法隆寺玉虫厨子　45. 天寿国繡帳　46. 正倉院宝物　47. 螺鈿紫檀五絃琵琶
48. 明珍　49. 正宗　50. 藤四郎吉光
51. 瀬戸焼　52. 本阿弥光悦　53. 酒井田柿右衛門　54. 色絵花鳥文深鉢
55. 尾形光琳　56. 八橋蒔絵螺鈿硯箱
57. 野々村仁清　58. 有田焼(伊万里焼)　59. 薩摩焼　60. 西陣織

27　スピード・チェック　文学史

1―古代社会の形成と文学
1. 稲荷山　2. 隅田八幡神社　3. 大津皇子　4・5. 柿本人麻呂・額田王
6・7. 淡海三船・石上宅嗣　8. 懐風藻
9. 山上憶良　10. 万葉集　11. 万葉仮名　12・13. 凌雲集・文華秀麗集
14. かな　15. 古今和歌集　16. 紀貫之　17. 竹取物語　18. 伊勢物語
19. 源氏物語　20. 清少納言　21. 土佐日記　22. 蜻蛉日記　23. 更級日記

2―中世社会の展開と文学
24. 今様　25. 梁塵秘抄　26. 今昔物語集　27. 山家集　28. 鴨長明
29. 愚管抄　30. 新古今和歌集
31. 金槐和歌集　32. 平家物語
33. 古今著聞集　34. 徒然草　35. 神皇正統記　36. 太平記　37. 五山文学
38. 二条良基　39. 宗祇　40. 宗鑑

3―近世社会の成熟と文学
41. 井原西鶴　42. 松尾芭蕉　43. 近松門左衛門　44. 洒落本　45. 黄表紙　46. 山東京伝　47. 式亭三馬　48. 為永春水　49. 読本　50. 曲亭馬琴　51. 一茶

28 スピード・チェック
史学と儒学
1―歴史編纂と史書
1・2. 天皇記・国記　3. 天武　4. 古事記　5. 太安万侶　6. 日本書紀　7. 舎人　8. 六国史　9. 続日本紀　10. 菅原道真　11. 大鏡　12. 栄花(華)物語　13. 慈円　14. 愚管抄　15. 吾妻鏡　16. 虎関師錬　17. 元亨釈書　18. 北畠親房　19. 神皇正統記　20. 梅松論　21. 増鏡　22. 太平記　23. 本朝通鑑　24. 新井白石　25. 読史余論　26. 大日本史　27. 文明論之概略　28. 日本開化小史　29. 津田左右吉

2―儒学の導入と展開
30. 王仁　31. 五経博士　32. 憲法十七条　33. 大学　34. 国学　35. 朱子学　36. 大義名分　37. 五山　38. 桂庵玄樹　39. 薩南　40. 南村梅軒　41. 南学(海南学派)　42. 君臣　43. 藤原惺窩　44. 林羅山　45. 山崎闇斎　46. 垂加　47. 熊沢蕃山　48. 陽明　49. 池田光政　50. 大学頭　51. 湯島聖堂　52. 新井白石　53. 室鳩巣　54. 寛政異学　55. 寛政の三博士

29 スピード・チェック
女性史
1―女性史
1. 土偶　2. 卑弥呼　3. 推古　4. 皇極　5. 白村江　6. 持統　7. 藤原京　8. 孝謙　9. 道鏡　10. 妻問婚　11. 嫁入婚　12. 惣領　13. 男尊女卑　14. 戸主　15. 治安警察　16. 普通選挙　17. 婦人矯風会　18. 平塚らいてう(明)　19. 青鞜　20. 新婦人協会　21. 婦人参政権獲得期成同盟会　22. 婦選獲得同盟　23. 赤瀾会　24. 女性参政　25. 39　26. 男女共学　27. 家

2―財産相続法
28. 大宝　29. 嫡子　30. 庶子　31. 養老　32. 2分の1　33. 蔭位　34. 御成敗式目　35. 分割相続　36. 地頭　37. 養子　38. 悔返　39. 単独相続　40. 分国　41. 長男　42. 家督相続　43. 3分の1　44. 3分の2　45. 均分　46. 2分の1

30 スピード・チェック
生活文化史
1―歴史考古学，絵巻物と生活文化
1. 木簡　2. 長屋王　3. 蘇　4. 源氏物語絵巻　5. 伴大納言絵巻　6. 束帯　7. 女房装束　8. 信貴山縁起絵巻　9. 水干　10. 小袖　11. 藤原　12. 平泉　13. 寝殿造　14. 朝倉　15. 一乗谷　16. 草戸千軒町　17. 中国銭　18. 備前

2―暦の歴史，印刷と出版の歴史
19. 干支　20. 観勒　21. 陰陽寮　22. 宣明暦　23. 地方暦　24. 渋川春海(安井算哲)　25. 貞享暦　26. 高橋至時　27. 寛政暦　28. 太陽暦　29. 二十四節気　30. 陀羅尼　31. 法

11

隆寺　32.五山版　33.ヴァリニャーニ　34.天草　35.後陽成　36.慶長勅版　37.洒落本(黄表紙・人情本)　38.浮世絵　39.鈴木春信　40.錦絵　41.本木昌造

30日完成
スピードマスター日本文化史問題集　解答

2016年 3月25日　第1版1刷発行
2017年 6月10日　第1版3刷発行

編　者　東京都歴史教育研究会
発行者　野澤　伸平
印刷所　明和印刷株式会社
製本所　有限会社　穴口製本所
発行所　株式会社　山川出版社
　　　　〒101-0047　東京都千代田区内神田1-13-13
　　　　　　電話　03-3293-8131(営業)　03-3293-8135(編集)
　　　　　　https://www.yamakawa.co.jp/
　　　　　　振替口座　00120-9-43993

Ⓒ 2016 Printed in Japan　ISBN978-4-634-01063-5

●造本には十分注意しておりますが，万一，落丁・乱丁などがございましたら，
　営業部宛にお送りください。送料小社負担にてお取り替えいたします。